Mosaik bei
GOLDMANN

Buch

Gelassenheit ist das Gegenprogramm zu Stress. Es ist ein Lebensgefühl, das uns auch in schwierigen Zeiten einen ruhigen Kopf bewahren lässt inmitten von Hektik und Unsicherheit. Gelassenheit hilft kluge Entscheidungen zu treffen, in hektischen Momenten den Überblick zu behalten und gesund zu bleiben. Denn Lebensfreude kann sich erst breitmachen, wenn man im stressigen Alltag innehält und die Dinge so nimmt, wie sie nun mal sind und mit Ruhe an schwierige Situationen herangeht. Sabine Asgodom hilft mit zwölf Schlüsseln, wie zum Beispiel Achtsamkeit, Balance, Ehrlichkeit, Geduld, Humor oder Vertrauen, damit man in jeder Situation gelassen bleibt: ob im Umgang mit schwierigen Vorgesetzten oder Mitarbeitern, mit pubertierenden Kindern, nervenden Eltern oder anderen anstrengenden Zeitgenossen. Zu jedem Schlüssel präsentiert Sabine Asgodom einfach nachvollziehbare Übungen und Anregungen, um den Alltag entspannter anzugehen.

Autorin

Sabine Asgodom ist Expertin für Work-Life-Balance. Seit 1991 arbeitet sie als Managementtrainerin für Unternehmen und Verbände und coacht Führungskräfte aus Politik, Wirtschaft und Showbusiness. Sie war Ressortleiterin »Karriere« bei der Cosmopolitan, bis sie sich 1999 mit ihrem Unternehmen »Asgodom Live. Training. Coaching. Potenzialentwicklung« in München selbstständig machte. Heute ist sie eine der bekanntesten Management-Trainer im deutschsprachigen Raum und »eine der 101 wichtigsten Frauen der deutschen Wirtschaft« (Financial Times). Mit ihren Büchern, wie »Lebe wild und unersättlich«, erobert sie regelmäßig die Bestsellerlisten.

Sabine Asgodom

12 Schlüssel zur Gelassenheit

So stoppen Sie den Stress

Mosaik bei
GOLDMANN

Alle Ratschläge und Hinweise in diesem Buch wurden von der Autorin und vom Verlag sorgfältig erwogen und geprüft. Eine Garantie kann dennoch nicht übernommen werden. Eine Haftung der Autorin beziehungsweise des Verlags für Personen-, Sach- und Vermögensschäden ist daher ausgeschlossen.

FSC
Mix
Produktgruppe aus vorbildlich
bewirtschafteten Wäldern und
anderen kontrollierten Herkünften

Zert.-Nr. SGS-COC-1940
www.fsc.org
© 1996 Forest Stewardship Council

Verlagsgruppe Random House FSC-DEU-0100
Das für dieses Buch verwendete FSC-zertifizierte Papier *Munken Print*
liefert Arctic Paper Munkedals AB, Schweden.

1. Auflage
Vollständige Taschenbuchausgabe August 2008
Wilhelm Goldmann Verlag, München,
in der Verlagsgruppe Random House GmbH
© 2004 Kösel-Verlag, München,
in der Verlagsgruppe Random House GmbH
Umschlaggestaltung: Design Team München
Umschlagmotiv: Constanze Wild, Raisting
Cartoons: Heinz Pfister, Bern. www.pfuschi-cartoon.ch
Satz: Buch-Werkstatt GmbH, Bad Aibling
Druck und Bindung: GGP Media GmbH, Pößneck
WR · Herstellung: IH
Printed in Germany
ISBN 978-3-442-16986-3

www.mosaik-goldmann.de

Inhalt

    7 Einleitung

Erster Schlüssel	**23 Achtsamkeit**
	23 Meditation im Alltag und andere Glücks-Übungen
Zweiter Schlüssel	**45 Balance**
	45 Das rechte Maß finden
Dritter Schlüssel	**60 Dankbarkeit**
	60 Gib dem Leben Leichtigkeit
Vierter Schlüssel	**65 Ehrlichkeit**
	65 Werde der, der du bist
Fünfter Schlüssel	**80 Einfachheit**
	80 Umarme das Leben
Sechster Schlüssel	**95 Geduld**
	95 Warten als Chance
Siebter Schlüssel	**109 Großzügigkeit**
	109 Eigentlich geht es uns gut

Inhalt

Achter Schlüssel	**125**	**Hingabe**
	125	Liebe zum Tun entwickeln
Neunter Schlüssel	**139**	**Humor**
	139	Der Mittelpunkt der Lebensfreude
Zehnter Schlüssel	**151**	**Klugheit**
	151	Das Wissen vom Leben
Elfter Schlüssel	**163**	**Mut**
	163	Scheitern als Chance
Zwölfter Schlüssel	**181**	**Vertrauen**
	181	Seiltanz mit Netz

193 Stress ade!

195 Dank

197 Kontakt

198 Literatur

200 Register

Einleitung

Gelassenheit ist eine anmutige Form
des Selbstbewusstseins.

MARIE FREIFRAU EBNER VON ESCHENBACH

Um wirklich gelassen mit Ihrem Schicksal umgehen zu können, müssen Sie Ihren Job kündigen (vorher Ihrem Chef tüchtig die Meinung sagen), sich scheiden lassen (falls Gatte/Gattin zur Hand), die Kinder zur Adoption freigeben (falls vorhanden), Ihre Wohnung aufgeben und die Möbel verschenken (Besitz ist ja so was von vulgär), Ihre Persönlichkeit vollständig verändern (schauen Sie sich doch mal an), sich in einem fernen Land als Aussteiger/in niederlassen (sehr fern) und sieben Jahre meditieren (mindestens).

Halt! Nein! Witz! Bitte: Das ist nicht mein Ernst!!! Ich will Sie nur foppen! Glauben Sie das nicht!

Aber so stellen wir uns oft die Konsequenzen von Veränderungen vor: alles umkrempeln, alles hinschmeißen, ganz von vorne anfangen. Eine Aussicht, die selbst denen, die wirklich Mut zu Neuem haben, kalten Angstschweiß auf die Stirn treibt. Kein Wunder, dass wir erschrocken die Augen wenden und das Gewohnte dann doch ganz kuschelig finden. Eine Zeit lang jedenfalls. Bis der nächste Unzufriedenheitsschub kommt.

Ach je, Veränderungen, die wirklich zur Gelassenheit beitragen, sind im Gegensatz zu diesen Horrorvorstellungen kleine, winzig kleine Mäuseschritte. Schritte, die wir kaum bemerken (andere oft sowieso nicht), die aber diese heitere Gelassenheit erzeugen, die Stressschwellen hebt, Lebensqualität erhöht und uns zu guten Partnern, Freunden, Nachbarn, Familienmitgliedern, Bürgern, Vorgesetzten und Kollegen werden lässt.

Ich habe einmal eine ganze Reihe Menschen gefragt, in welchen Situationen sie sich Gelassenheit wünschen. Wunderbar auf den Punkt gebracht hat es Dr. Kerstin Schaper-Lang aus der Schweiz:

»Gern möchte ich gelassener bleiben,
- wenn ich angegriffen werde;
- wenn ich gestresst bin und trotzdem noch einige Dinge regeln muss;
- wenn das Konto sich dem Ende zuneigt;
- wenn ein Autofahrer drängelt;
- in Diskussionen, die mich sehr bewegen, bei denen ich sehr engagiert bin, wenn das Thema mich interessiert.«

Und wobei möchten Sie gelassener bleiben? Nehmen Sie sich fünf Minuten Zeit, schauen Sie ein bisschen vor sich hin, lassen Sie die Frage auf sich wirken, und stellen Sie dann selbst einmal Ihre Liste zusammen: »Ich möchte gelassener bleiben, ...« Denken Sie an Situationen, an

Menschen, an Gefühle. Schreiben Sie alles auf, was Ihnen dazu einfällt.

Ich persönlich habe die Erfahrung gemacht: Allein das Lesen meines »Ungelassenheits-Katalogs« beruhigt mich enorm. Ich kann über manches lächeln, erinnere mich an manche Situation, in der ich nicht »bei mir«, sondern »außer mir« war, und vielleicht sehe ich sogar ein Muster in diesen Situationen. Worum ging es meistens? Was hat mich so »gepiekst«, dass ich an die Decke ging? Auf die einzelnen »Kränkungsknöpfe«, die wir haben, werde ich in den nächsten Kapiteln dieses Buchs eingehen. Auch darauf, wie wir sie entschärfen können, um auch dadurch Gelassenheit zu gewinnen. Zwölf Schlüssel sind es, mit denen wir den Weg zur Gelassenheit öffnen können. Doch dazu später mehr.

Gelassenheit – ist dies nicht ein Wort, das man sich auf der Zunge zergehen lassen kann? Gelassenheit. Klingt es nicht fast wie Gelato? Dieser zarte Schmelz, dieser feine Duft, dieser umwerfende Geschmack. Na, steigt schon die Sehnsucht in Ihnen auf? Gelassenheit – da schließt sich das Lid verträumt, da erscheinen Bilder vor dem inneren Auge, von einem Schaukelstuhl, von einem Steg. Mit Blick über einen friedlich daliegenden See. Und ein sanfter Wind streicht durch unser Haar.

Genug geträumt. Gelassenheit ist nicht nur etwas für Romantiker. Gelassenheit ist ein Lebensgefühl, das uns auch in schwierigen Zeiten einen ruhigen Kopf bewahren lässt, inmitten von Hektik und Unsicherheit, inmitten von Krise und Euphorie. Die Zeiten sind stürmisch, ohne Frage. Doch Lebensfreude heißt nicht, immer schneller, immer steiler, immer atemloser dem Erfolg nachrennen. Es heißt nicht, mit ausgefahrenen Ellenbogen andere zur Seite zu kicken. Es heißt auch nicht, aus eigener Unzufriedenheit dem anderen sein Leben zu missgönnen.

Das Streben nach Lebensfreude bedeutet im Gegenteil, immer wieder mal innezuhalten, sich umzuschauen: Wo bin ich, wo sind die anderen? Stimmt der Weg noch, auf dem ich mich befinde? Lohnt der Preis noch, den ich für meine Ziele zu zahlen habe? Wovon will ich mehr, wovon weniger?

Gelassenheit entsteht auch, wenn wir immer wieder mal Bilanz ziehen. Und interessant ist es auch, sich anzuschauen, welcher Gelassenheitstyp man ist. Sieben Grundtypen habe ich definiert:

- **Die Schildkröte:** Lässt sich nicht erschüttern, hat sich einen dicken Panzer zugelegt. Glaubt aber leider nichts und niemandem mehr. Hat die Hoffnung auf Wunder aufgegeben.
- **Der Elefant:** Wirkt nach außen völlig ruhig, andere laden viel auf ihm ab. Er ist aber trotz seines »dicken Fells« leicht zu kränken und seine zarte Seele vergisst das dann nie mehr. Reizt man ihn an einer bestimmten Stelle, wird er schlagartig wütend und greift blindwütig an. Dadurch schadet er sich oft selbst.
- **Der Panther:** Er ist immer auf dem Sprung, misstraut anderen Menschen und dem Leben an sich. Ruhelos muss er sich kümmern, sich absichern, neigt zur Perfektion, um sich Sicherheit zu verschaffen. Wirkt auf andere eher aggressiv, da er blitzschnell auf vermeintliche Angriffe reagiert.

- **Der Hase:** Ist leicht zu erschrecken. Kaum fallen lautere Worte oder jemand spricht von Schwierigkeiten, zittert er wie Espenlaub. Bricht leicht in Tränen aus. Will man sich mit ihm auseinandersetzen, schlägt er Haken oder flüchtet sich in seine schützende Höhle. Streitkultur ist ihm total fremd.
- **Die Eule:** Sie ist die Ruhe selbst. Sie kann auch die kompliziertesten Hintergründe erkennen, denn sie sieht auch im Dunkeln. Nicht umsonst gilt sie als die Tierfigur der Weisheit. Manchmal bedeutet es aber auch Trägheit. Sie lässt sich viel gefallen, bis sie mal aus ihrer Ruhe aufschreckt.
- **Das Pferd:** Wittert ständig Gefahr und ist leicht zu erschrecken. Aber im Gegensatz zum Hasen bäumt es sich dann auf und schlägt um sich. Überreaktionen sind nicht selten. Das Pferd kennt nur zwei Alternativen: flüchten oder angreifen. Pferde am Steuer haben lauter Feinde und werden im Stau »zum Tier«.
- **Die Katze:** Wirkt nach außen wie das Sinnbild von Gelassenheit. Wenn es ihr gut geht, kann man sie direkt schnurren hören. Sie besitzt eine tiefe Sehnsucht nach Harmonie. Aber wehe, sie wird gereizt, oder man rückt ihr zu nahe, drückt sie zu fest. Erst hält sie lange still, aber dann faucht sie und kratzt auch ihre besten Freunde.

Können Sie sich einem Typ zuordnen oder sind Sie eine Mischung aus verschiedenen Beschreibungen? Was bedeutet das für Ihre Gelassenheit? Woran wollen Sie etwas ändern?

Einleitung

Gelassenheit ist ein sehr deutscher Begriff. Andere Sprachen verweigern sich der direkten Übersetzung. Sehen Sie sich das Englische an, es weicht aus auf »calmness«, Ruhe, auf »serenity«, Heiterkeit, auf »inner peace«, also inneren Frieden. Auf Hawaii, so erzählte mir eine Freundin, benützt man den Ausdruck »hang loose«, die Seele baumeln lassen.

Gelassenheit beinhaltet all dies und mehr. Es handelt sich um eine Lebenseinstellung, und Einstellung hat immer auch etwas mit Entscheidungen zu tun. Vielleicht kennen Sie den Satz: »Wenn man sich ärgert, dann gibt es einen 15-Sekunden-Reflex, danach entscheidet man sich, sich zu ärgern.« Und so ist Gelassenheit auch eine Entscheidung, dem Leben positiv zu begegnen, sich nicht kränken zu lassen und mit klarem Kopf auf schwierige Situationen zu reagieren.

Gelassenheit hat nichts mit einer Schlaffi-Einstellung zu tun, sondern ist immer kraftvoll-aktiv. Gelassene Menschen kennen die Spielregeln im Umgang mit anderen Menschen, wissen, wie Menschen »ticken«. Sie kennen sich aus mit den Fährnissen des Lebens und gehen entschlossen ihren Weg. Gelassenheit wird als Aufgabe erlebt, als ein sich Einlassen auf das Leben, das Annehmen von Herausforderungen. Die Lebensqualität im Zeichen von Gelassenheit steht auf »selbstbestimmt«.

Was wir nicht unter Gelassenheit verstehen sollten, ist Lässigkeit, Laissez-faire oder gar Nachlässigkeit. Sie bedeutet nicht Müßiggang oder Erdulden. Mit einer »Ist-mir-doch-alles-Wurscht«-Einstellung hat Gelassenheit nichts zu tun, auch nichts mit »stoischer Ruhe«. Gelassenheit bedeutet nicht Kismet oder Fatalismus, also das Gefühl, selbst nichts verändern oder entscheiden zu können. Im Gegenteil: Gelassenheit schafft die Macht, über mein Lebensgefühl mitzubestimmen, und ist ein Mittel gegen das Gefühl von Ohnmacht. Gelassenheit dämpft nicht, sondern macht hellwach und aufmerksam und wirkt auf eine wunderbare Weise herrlich intensiv.

Leider (Gott sei Dank?) kommen wir nicht als gelassener Mensch auf die Welt. Erst müssen wir uns selbst entdecken, ausprobieren, kämpfen und streiten, uns abgrenzen und finden. Und dann kommen wir, wenn wir bereit sind, mit jedem Geburtstag der Gelassenheit näher. Eine Studie der Fordham Universität in New York besagt: Menschen ab 45 haben die größte Chance, Sorgen und Mühen hinter sich zu lassen, zufrieden und gelassen zu werden.

Gelassenheit hat sicher etwas mit Weisheit zu tun. Vielleicht kennen Sie das Stoßgebet: »Herr, gib mir die Kraft, Dinge zu ändern, die ich ändern kann, die Gelassenheit, Dinge hinzunehmen, die ich nicht ändern kann, und die Weisheit, das eine vom anderen zu unterscheiden.« Doch Alter allein macht noch nicht gelassen. Gelassenheit ist das Ergebnis eines ganz bewussten Umgangs mit mir selbst und mit dem, was man Leben nennt, und hat zu tun mit dem Wissen über den Zusammenhang von Ursache und Wirkung: »Wenn ich dies oder das tue, werde ich dies oder jenes damit erreichen.«

Gelassen sein heißt akzeptieren, dass manche Dinge im Leben nicht für mich gedacht sind. Und damit, dass ich mich mit jeder Entscheidung, die ich treffe, gegen viele andere Möglichkeiten entschieden habe. Wenn ich die eine Tür öffne, bleiben die anderen für mich verschlossen. Doch der Psychologe und Therapeut Bernd Hohmann, den ich für dieses Buch interviewt habe, hat Trost parat: »Wenn es tatsächlich unser Weg war, den wir links liegen gelassen haben, dann kommen wir dort noch einmal vorbei!«

Als ich mich einmal in einer schwierigen Lebenssituation befand, beruflich sehr angespannt, von Terminen gehetzt, brach ich in einem Taxi zum Flughafen in Tränen aus. Der Taxifahrer war ein belesener, wirklich weiser Mensch. Er hörte sich meine Geschichte an und sagte zu mir: »Glauben Sie mir, auch wenn Sie die Lösung noch nicht sehen, so ist sie doch da.« Niemals werde ich diesen Satz vergessen. Und schon einige Tage später zeigte sich mir die Lösung und führte mich aus der Misere. Ich bin überzeugt davon, dass mir dieser Taxifahrer an diesem Tag »geschickt« wurde. (Fragen Sie mich nicht von wem, das weiß ich auch nicht so genau. Na ja, von der Taxizentrale sicher ...)

Gelassenheit heißt auch, an kleine Wunder zu glauben. Wir alle kennen Situationen, die wir als unerträglich empfinden, und wo uns dieser Glaube durchaus abhandenkommen kann. Aber ohne den Glauben daran, dass wir aus dem »Elend« wieder herausfinden, ist keine »Heilung« möglich. Gelassenheit bedeutet deshalb auch, mir den Weg ins Bessere, Rettende nicht zu verbauen, aus der Opferrolle wieder herauszukommen. Oder, wie Bernd Hohmann formuliert: »Es gibt immer die Möglichkeit, Subjekt deiner Geschichte zu werden.« Ein Satz, der das Herz fröhlich machen kann.

Aus unzähligen Untersuchungen weiß man, dass das Geheimnis des Lebensglücks viel komplizierter ist, als wir oft denken. Es kann schon verwundern, dass beispielsweise plötzlicher Reichtum, etwa durch einen Lottogewinn, nicht automatisch glücklich macht; dass aber Menschen nach schweren Erkrankungen von einer ganz neuen Lebensfreude sprechen; dass New-Economy-Opfer nach dem Zusammenbruch feststellten, dass sie das Leben zurückgewonnen haben; dass Menschen im Nachhinein von Krisenzeiten schwärmen: »Da hielten wir alle ganz fest zusammen ...« Und dass die Erfüllung unserer Wünsche auf Dauer oft viel weniger Glück mit sich bringt, als wir erwartet hatten.

»Wennze meins,
du hätts noch Zeit,
datte so viel Zeit vertun kanns,
bisse bekloppt,
dat is nich wahr,
du hasset eilig.
Wennze tot bis,
isset vorbei.
Und vorm Sterben
musse leben.
Und dann musse
auch ma fragen,
oppe happy bis ...«

EIN SONGTEXT DES FRAUENDUOS »MISSFITS«

Ricarda Huch, die große deutsche Schriftstellerin, hat Glück einmal auf drei Säulen gestellt: »Wir brauchen Menschen, die wir lieben, eine Aufgabe und eine große Hoffnung.« Hoffnung, ein wunderbar verheißungsvolles Wort. Wir brauchen die Hoffnung, dass unser Leben auch über den Tag hinaus lebenswert ist. Nur dann können wir die Gelassenheit entwickeln, Dinge zu ertragen, die uns weniger guttun, die wir aber momentan nicht ändern können.

Haben Sie Lust auf eine kleine Übung? Denken Sie doch einmal darüber nach, was Ihr Leben lebenswert macht. Legen Sie auf einem Blatt Papier eine »Lebenswert-Liste« an. Schreiben Sie auch kleine, vermeintlich profane Momentaufnahmen des Glücks auf. Nichts sollte uns zu winzig sein, um uns nicht einen Sonnenstrahl zu schicken.

Auf meiner Liste könnte beispielsweise stehen:
- Morgens durch den Park laufen, wenn die Sonne hinter den Bäumen aufsteigt und die Vögel zwitschern.
- Mit meinen Kindern Skat spielen.
- Die Fahrt mit dem Zug durch eine herrliche Landschaft.
- Auf eine Bühne gehen und die erwartungsvollen Gesichter der Menschen sehen.
- Der Blick vom Viktualienmarkt in München auf die Türme der Frauenkirche bei Sonne und strahlend blauem Himmel.
- Eine Tasse heiße Schokolade bei Schmuddelwetter.
- Die E-Mail einer Seminarteilnehmerin, in der sie schildert, was sie gerade bei ihrem Chef erreicht hat.

- Mit einem Freund in einer Bar »chillen«, wie meine Kinder es nennen (bedeutet entspannt herumsitzen).
- Ein Schluck kaltes, frisches Wasser.
- Die letzte Zeile eines Buches geschrieben zu haben.
- Das Lächeln eines Kindes.
- Eine ayurvedische Ölmassage von Kopf bis Fuß in der »Wellnessoase« bei mir gegenüber.
- Mit meiner Mitarbeiterin lachen.
- An einer Rose riechen.
- Von einer Freundin angerufen werden, von der man lange nichts gehört hat.
- An der Isar entlanglaufen und Steine als Handschmeichler sammeln ...

Ach, ich könnte das ganze Buch mit dieser Liste füllen. Das Leben ist so herrlich, wenn wir die Augen offen halten. Wenn wir uns nicht mit Ärger und Übelnehmen, mit Herummäkeln und Ätzen selbst die Lebensfreude stehlen. (Glauben Sie mir, auch wenn ich das alles weiß, muss ich mich doch selbst immer wieder daran erinnern. Der Alltag schleift die Freude manchmal ab.)

Gelassenheit heißt auch, die Dinge zurechtzurücken, uns von negativen Erlebnissen und Erfahrungen nicht beherrschen zu lassen. Sie hilft uns, nicht bitter zu werden aufgrund von Verletzungen und Kränkungen und mit Menschen umgehen zu lernen, die uns nicht gut gesonnen sind. Erst durch ein gutes Maß an Gelassenheit schaffe ich die Chance für Verständnis, auch mit schwierigen Zeitgenossen. Ein Beispiel: Sie kommen in ein Geschäft und die Verkäuferin ist supermuffig. Sie können jetzt »zurückpampen« und mit schlechter Laune wieder aus dem Laden hinausgehen. Gelassenheit hilft Ihnen, entweder das Verhalten der Verkäuferin nicht persönlich zu nehmen, oder aber sogar die schlechte Stimmung mit einer Bemerkung aufzuhellen. Und Sie gehen lächelnd aus dem Geschäft.

Ausgeglichenheit und Sorglosigkeit sind die Schwestern der Gelassenheit. Sie zeigen, dass ich die Angst vor dem Leben überwunden habe. Und auch die vor dem Tod. Ja, wirklich. Ich verrate Ihnen etwas sehr Persönliches: Seit ich mit viel Gelassenheit mein Leben so lebe, wie ich es möchte, habe ich keine Angst mehr vor dem Tod. Ich kann mich mit dem Gedanken versöhnen, dass dieses Leben irgendwann seinen Abschluss findet. Denn ich muss ja nicht mehr hadern: »Hätte ich doch, wäre ich doch, ich wollte doch eigentlich noch ...« Sondern ich tue. Und bin zufrieden. Gelassenheit hat also auch viel mit Handeln zu tun.

Psychologen gehen sogar so weit zu behaupten, dass Gelassenheit der Gesundmacher überhaupt ist. In der Salutogenese, also der Wissenschaft von der Gesundheit, beschäftigen sie sich mit den Ursachen vom Gesundbleiben. Und sie wissen, dass beispielsweise die Überwindung von Angst gesund erhält. Gelassenheit wirkt also als Gegenteil von Mobilmachung, der ständigen Selbstmobilisation und Selbstausbeutung. Sie schafft die Möglichkeit, sich selbst loslassen zu können, genauso wie diese verkrampfende Alles-im-Griff-Haltung, mit der viele Menschen herumlaufen. Gelassenheit kann ein Gegenmittel zu Stress, Erschöpfung, ja sogar dem bekannten »Burn-out-Syndrom« sein, dem Gefühl des Ausgebranntseins, das

Top-Manager/innen wie Lehrer/innen, Sozialpädagog/innen oder Hausfrauen/Hausmänner treffen kann.

Man könnte salopp formulieren: Gelassenheit macht »unkaputtbar«! Sie hat eine Schutzfunktion und ist die Quelle jeder Menge Energie. Dabei ist sie eher eine Tugend als ein Schlusspunkt, eher eine Entwicklung als ein Dauerzustand. Eher eine Aufgabe als ein Ziel. Gelassenheit ist nicht »machbar«, sondern sie ist ein Weg. Und auf diesem Weg zur Gelassenheit gibt es ein paar »Schlüssel«, die versperrte Tore öffnen können. In diesem Buch möchte ich Ihnen zwölf wichtige Schlüssel zur Gelassenheit vorstellen. Diese sind:

Erster Schlüssel: **Achtsamkeit**

Zweiter Schlüssel: **Balance**

Dritter Schlüssel: **Dankbarkeit**

Vierter Schlüssel: **Ehrlichkeit**

Fünfter Schlüssel: **Einfachheit**

Sechster Schlüssel: **Geduld**

Siebter Schlüssel: **Großzügigkeit**

Achter Schlüssel: **Hingabe**

Neunter Schlüssel: **Humor**

Zehnter Schlüssel: **Klugheit**

Elfter Schlüssel: **Mut**

Zwölfter Schlüssel: **Vertrauen**

Einleitung

Zu jedem dieser Schlüssel bekommen Sie Anregungen und Übungen – kleine Lichtblitze, die Sie sensibel machen sollen. Wenn Sie Lust haben, können Sie sich ein Vier-Wochen-Übungsprogramm zusammenstellen, um einzelne Schlüssel zu stärken, sich selbst besser kennen zu lernen und Ihr Verhalten zu reflektieren. Überlegen Sie, ob Sie nicht ein Gelassenheits-Tagebuch anlegen mögen, ein Büchlein, in dem Sie Ihre Beobachtungen, Ihre Gedanken, Ihre Fragen notieren können. Durch das Aufschreiben werden Gedanken schärfer, Zusammenhänge klarer. So entsteht Ihr ganz persönliches »Werte-Buch«.

Zu jedem Schlüssel stelle ich Ihnen außerdem eine kleine Morgenmeditation vor, die Sie auf den kommenden Tag einstimmt. Diese themenzentrierte Meditation bedeutet, still zu werden, die Aufmerksamkeit für ein paar Minuten auf einen Satz zu lenken wie beispielsweise »Was bedeutet heute Achtsamkeit für mich?« Ob Sie währenddessen unter der Dusche stehen oder mit der Bahn fahren, in Ihrem Kaffee rühren oder im Garten sitzen, ist völlig nebensächlich. Es genügt, ein paar Minuten die Gedanken schweifen zu lassen, den Dingen Platz zu geben, Ideen einzuladen. Früher nannte man solche Momente der Besinnung »Andacht«, ein altmodisches Wort mit einer sehr gelassenheitsfördernden Wirkung.

Für den Abend bekommen Sie jeweils einen Satz zur kleinen Rückschau, »Wie ist es mir heute ergangen?«. Und schließlich stelle ich Ihnen für jeden Schlüssel einen Wunsch vor, der Ihre Einstellung zum Leben positiv verstärken kann, beispielsweise: »Ich achte heute darauf, anderen Vertrauen zu schenken.« Ein wichtiger Schritt zum gelassenen Umgang mit anderen.

Gelassenheit, die ich meine, können wir in allen Lebenssituationen gebrauchen: im Umgang mit Kindern, Geschwistern oder Eltern, im Job und im gesellschaftlichen Engagement. Bei täglichen kleinen Havarien oder in ausgewachsenen Lebenskrisen. Im Umgang mit Vorgesetzten und Mitarbeitern. Mit Schülern oder Lehrern. In Stress oder lähmender Routine. Gelassenheit hilft, einen klaren Kopf zu behalten in stürmischen Zeiten, erfolgreich zu sein und gesund zu bleiben. Gelassenheit hilft zu (über-)leben. Das Nachdenken über Werte und Tugenden ist auch eine gute Strategie gegen die Pseudoliberalität, mit der wir gesellschaftliche Entwicklungen distanziert beobachten. Gelassenheit heißt durchaus Stellung zu beziehen, sich einzumischen. Ich bekenne mich dazu, Moralist zu sein (ohne das Moralinsaure dazu).

Die zwölf Schlüssel wollen Sie zum Innehalten und zum Ausprobieren verführen. Möchten Sie auf Möglichkeiten und Alternativen im Denken und Handeln hinweisen. (Das gilt übrigens auch für die Reihenfolge, in der Sie die Schlüssel erforschen wollen – fangen Sie an, wo Sie wollen!) Für jedes Kapitel habe ich auch ganz spezielle Strategien entwickelt, wie wir diese Schlüssel Gewinn bringend einsetzen können. Denn, erinnern Sie sich: Gelassenheit bedeutet Handeln. Werden Sie zum/zur Handelnden, zum Bestimmer Ihres Lebens.

ERSTER SCHLÜSSEL

Achtsamkeit

Meditation im Alltag und andere Glücks-Übungen

Achtsamkeit ist nicht unbedingt ein Wort unserer täglichen Umgangssprache. Und doch ist es ein Begriff, der unseren Zugang zur Gelassenheit entscheidend mitbestimmt. Achtsamkeit bedeutet, behutsam mit mir selbst, mit meinem Körper, meinem Geist und meiner Seele umzugehen, mich nicht zu verletzen und nicht verletzen zu lassen, mich von schlechten Gewohnheiten zu trennen, die mir schaden, und für mich zu sorgen, damit es mir gut geht. Denn ich bin der wichtigste Mensch auf der Welt für mich. Ein Satz, der manche verunsichert: Aber er hat nichts mit Arroganz oder Rücksichtslosigkeit zu tun. Es ist die Verbeugung vor der Schöpfung. Wozu bin ich auf der Welt? Um zu leben. Mein Auftrag ist es, das Beste aus dieser Zeitspanne zu machen.

Voraussetzung für Achtsamkeit ist Wahrnehmung: die äußere, über unsere Sinne, und die innere, über unsere Gedanken und Gefühle. Menschen, die unachtsam mit sich umgehen, spüren sich oft selbst nicht, hören nicht auf ihren Körper, auf die feinen Signale, die er uns sendet. Menschen, die unachtsam sich selbst gegenüber sind, so meine Erfahrung, nehmen sich selbst nicht wichtig genug. Alle anderen gehen vor. Aber die selbstlose Aufopferungshaltung bringt leider nicht das Maß an Zufriedenheit, das sie verspricht, sondern eher Bitterkeit, Überlastungsgefühle, Eifersucht, Neid, Ärger – »Ach, es dankt einem ja doch keiner!« Und leicht entwickeln aufopferungswillige Menschen den Glaubenssatz: »Alle anderen haben es gut, nur ich bin hier der Depp.« Menschen, die sich selbst nicht wichtig genug nehmen, nehmen anderen gern etwas übel.

Der Weg aus dem Dilemma: Sich selbst wahrnehmen. »Ja, das tut mir gut, davon will ich mehr.«

Achtsamkeit heißt, meine Sehnsucht zu spüren, meine Wünsche zu erkennen, mir klar zu werden, was mich glücklich macht. Das hört sich einfach an, ist es aber nicht. Die meisten Menschen brauchen einen kleinen Umweg, um sich selbst auf die Schliche zu kommen. Dabei können Spiele und Übungen helfen, wie beispielsweise die »Glückskurve«.

Schauen Sie sich doch mal die Glückskurve Ihres Lebens an. Zeichnen Sie dafür auf einem großen Blatt eine Lebenslinie von Ihrer Geburt bis heute (siehe Vorlage auf der nächsten Seite), tragen Sie wichtige Ereignisse Ihres Lebens ein, zusammen mit den Jahreszahlen: Schulabschlüsse, Zeiten der Berufstätigkeit, Jobwechsel, Beförderungen, Kündigungen, Umzüge, Verliebtheiten, Zusammenziehen, Kinder, Trennungen ... Nehmen Sie sich Zeit dafür, viele Erinnerungen sind verborgen und brauchen Raum, sich zurückzumelden.

Betrachten Sie die Stationen. Wie zufrieden waren Sie in den verschiedenen Phasen, was waren die glücklichsten Momente Ihres Lebens? Bewerten Sie die Phasen auf der Glücksskala von 0 bis 10. Schauen Sie sich nun die »Ausreißer« nach oben an. Was machte Sie froh und glücklich zu dieser Zeit? Erkennen Sie Gemeinsamkeiten zwischen den Spitzenzeiten? Im nächsten Schritt notieren Sie Ihre »Glücklichmacher«. Das heißt, analysieren Sie, was damals zu dem Wohlgefühl beigetragen hat. Diese Punkte können Ihnen wichtige Hinweise geben, wovon Sie mehr in Ihrem Leben brauchen.

Achtsamkeit

Ihre Glückskurve

Bitte entscheidende Stationen Ihres Lebens eintragen (Umzüge, Jobs, Erfolge, Krisen, familiäre Veränderungen) und für jede Station den Glücksfaktor ankreuzen (1 = wenig, 10 = sehr glücklich).

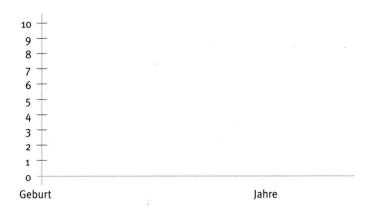

Auswertung

Was haben die Stationen mit hohem Glücksfaktor gemeinsam?

Was haben die Stationen mit niedrigem Glücksfaktor gemeinsam?

_____

_____

_____

Welche Schlussfolgerungen ziehen Sie daraus?

_____

_____

_____

Hier das Beispiel einer an sich erfolgreichen Frau, die trotzdem nicht richtig glücklich ist, Maria K., 34, kaufmännische Leiterin in einem mittelständischen Unternehmen. Im Coaching zeichnet sie ihre Glückskurve, die Ergebnisse fasst sie folgendermaßen für sich zusammen: »Die glücklichsten Zeiten waren während meines Aufenthalts als Austauschschülerin in England, in meiner Au-pair-Zeit in Paris und zu Beginn meines vorherigen Jobs, vor circa sieben Jahren.« Während sie das sagt, leuchten ihre Augen.

Was verbindet diese drei Zeiträume? »Ich war frei, kam aus der Enge unserer Kleinstadt heraus, entzog mich den Erwartungen meiner Familie, konnte das machen, was ich wirklich wollte.« Ihr Körper strafft sich, Energie fließt. »In diesem Job konnte ich ziemlich frei entscheiden, hatte ein eigenes Arbeitsgebiet mit großen Erfolgserlebnissen. Ich hatte einen fantastischen Chef, der mir dies ermöglichte. Als er nach ein paar Jahren ging, kam ich mit dem Nachfolger nicht zurecht. Da war es aus mit der Freiheit. Ich suchte mir eine andere Stelle.«

Als ihre »Glücksmacher« notiert sie: Unabhängigkeit, Freiheit, Selbstentscheidung, Abenteuer, Herausforderungen, Spaß, interessante Menschen, Selbstverantwortung.

Als sie sich diese Liste ansieht, weiß sie, warum sie in ihrem jetzigen Job unglücklich ist: zu viel Routine, zu viel Kontrolle, zu wenig Entscheidungsfreiheit. Dazu kommt: Sie ist in die Nähe ihres Heimatortes zurückgezogen und fühlt sich verpflichtet, ihre Eltern regelmäßig zu besuchen. Ihr Freiheitsdrang und der Wunsch nach Selbstbestimmung leiden darunter, ihre Freude am Entdecken von Neuem liegt brach. Doch vor lauter Pflichtbewusstsein und »du musst doch froh sein, einen so schönen Job zu haben«, hat sie ihre Sehnsüchte ignoriert.

Sie beschließt, sich ganz in Ruhe eine andere Stelle zu suchen. Nichts Überhastetes, Unüberlegtes, nichts aus dem Reflex Geborenes, sondern ganz überlegt. Kein Wunder, dass in der Beschreibung ihres Traumjobs Unabhängigkeit und Herausforderung ganz vorne stehen.

Unsere Werte zu leben, das bringt uns in Einklang, führt zur Gelassenheit. Was sind wichtige Werte? Überlegen Sie einmal für sich, was Ihnen wirklich wichtig ist: Freiheit, Spaß, Gerechtigkeit, Sinn, Verantwortung, Abenteuer, Erfolg, Muße, Unabhängigkeit, Sicherheit, Einfluss, Harmonie, Status, Ästhetik, Kollegialität, Ordnung, Anerkennung, Freude …? Können Sie Ihre wichtigsten Wertvorstellungen leben? Fehlt Ihnen etwas?

Viele Menschen schrecken vor Veränderungen in ihrem Leben zurück, weil sie fürchten, ihren »Lebensstandard« nicht halten zu können. Doch wenn ich mir manche traurigen, grauen Gesichter ansehe, frage ich mich, von welchem Lebensstandard sie sprechen? Die zwei Wochen teurer Urlaub im Jahr? Das große Haus? Das luxuriöse Auto? Viele zahlen dafür einen hohen Preis. Das Wort Lebensstandard klingt so verdammt nach »Leben von der Stange«. Wie wäre es mit einem Leben, das für Sie maßgeschneidert ist?

Gegen unsere Werte zu leben, das habe ich in Hunderten von Gesprächen gelernt, raubt uns Energie und Lebensfreude, kann letztendlich krank machen. Liebevolle Achtsamkeit hilft uns, auf die feinen Signale des Körpers zu hören, die uns sehr früh Unzufriedenheit anzeigen: Die morgendliche Unlust, aufzustehen und ins Büro zu gehen. Das leichte Kopfweh nach einem anstrengenden Tag mit den Kindern. Das Sodbrennen, der verspannte Rücken, diese Müdigkeit, die Lustlosigkeit ... Unser Körper ist unser bester Verbündeter, wenn wir es nur wollen, denn er signalisiert uns rechtzeitig: Es geht mir nicht gut.

Ignorieren wir allerdings die feinen Signale, dann muss er zu härteren Bandagen greifen: Aus dem Kopfweh wird vielleicht die Migräne, aus den Verspannungen eventuell der Bandscheibenvorfall, aus dem Sodbrennen das Magengeschwür ... Und schon sind wir – wenigstens für einige Zeit – aus der belasteten Situation heraus, müssen uns schonen, finden gezwungenermaßen die Ruhe, die wir uns selbst nicht gönnen wollten. Aus vielen Erzählungen kenne ich den Zusammenhang zwischen Unglücklichsein und

Krankwerden. Seltsam, dass wir erst des richtigen »Hammers« bedürfen, um endlich etwas zu ändern.

Achtsamkeit kann uns, wenn wir offen dafür sind, auch unsere eigenen schwachen Seiten zeigen. Sie ist Grundlage von Selbstreflexion. Wir sollten uns nicht scheuen, auch unsere »Schattenseiten« genau anzuschauen, was treibt mich an, worauf bin ich eifersüchtig oder neidisch, wen mag ich einfach nicht? Ja, es gibt solche Gefühle, machen wir uns nichts vor. Ich kenne wenige Menschen, die nie auch nur einen Hauch von Neid oder Abneigung verspüren. Wenn wir die Schattengefühle ignorieren, verschwinden sie dadurch nicht automatisch. Sie machen sich nur unsichtbar, ätzen aber weiter. Nur wenn wir sie wahrnehmen, bekommen wir die Chance, sie auch wieder loszuwerden.

Konfrontieren wir uns mit diesen Schatten: Woher kommt dieses Gefühl? Warum glaube ich, im Vergleich zu anderen, zu kurz zu kommen? Was reizt mich an dem, was der andere hat? Was stößt mich an manchen Menschen ab? Schon die Analyse löst Verkrampftheit. Und ich kann es sogar schaffen, Neid in Ansporn zu verwandeln. Was, das wünsche ich mir auch? Wenn das so ist: Was kann ich tun, um es ebenfalls zu erreichen? Ist der Preis dafür okay, dann los! Ist er zu hoch, dann brauche ich auch nicht neidisch zu sein.

Achtsamkeit hilft mir herauszufinden, in welchen Situationen mich die Gelassenheit im Stich lässt. Worauf reagiere ich »allergisch«? Wodurch lasse ich mich provozieren? Und: Was steht auf meinem Kränkungsknopf? Was, Sie kennen Ihren Kränkungsknopf noch nicht? Ich habe festgestellt, fast jeder Mensch hat so einen Knopf, den allerdings meist nur die anderen sehen: »Hier drücken«, steht darauf mit großen Buchstaben. Und wehe, er wird gedrückt, dann gehen wir an die Decke, schlagen um uns oder sind beleidigt, je nach Temperament.

Mein Kränkungsknopf, das gebe ich ehrlich zu, hatte viele Jahre etwas mit meiner Figur zu tun. Und dieser Knopf sorgte so manches Mal dafür, dass ich überreagierte. Ein kleines Beispiel: Vor Jahren hatte ich mal eine Bekannte zu einem Netzwerktreffen eingeladen. Nach dem Treffen fuhr sie mich mit dem Auto nach Hause. Als ich ausstieg, rief sie mir hinterher: »Frau Asgodom, schön dass Sie so zugenommen haben.« Mich riss es – so was sagt man doch nicht! Ich blaffte in das Auto hinein: »Was haben Sie gerade gesagt?« Und sie wiederholte etwas eingeschüchtert: »Ich habe nur gesagt, wie schön, dass Sie mich dazugenommen haben.« Autsch. Das Wort »zugenommen« stand leider lange auf meiner »Kränkungsliste« ganz oben. Seit ich das erkannt habe und vor allem, seit ich mich mit mir selbst ausgesöhnt habe (dazu später mehr), kann ich sehr viel gelassener mit dem Thema umgehen.

Was steht auf Ihrer Kränkungsliste ganz oben? Womit raubt man Ihnen Ihre Gelassenheit? Ist es Ungerechtigkeit, Zweifel an Ihrer Kompetenz, wenn man Sie für dumm verkauft? Wenn sich jemand auf Ihre Kosten einen Vorteil verschafft? Wenn man Sie warten lässt? Kann man Sie kränken, indem man Sie ignoriert, übersieht, übergeht? Auf welche Reizworte springen Sie an? Meistens ist es ein uralter Reflex, der unbewusst ausgelöst wird, eine alte Kränkung, ein alter Schmerz. Alt heißt in diesem Zusammenhang meistens, wir kennen ihn aus unserer Kindheit oder Jugendzeit. Oft aus der Pubertät, wenn Kinder besonders leicht zu kränken sind. Eltern kennen das, schon die kleinste Kritik kann zu Heulanfällen oder zum Ausrasten führen. In der Pubertät, dieser Zeit des partiellen Wahnsinns, werden viele Ursachen für den Kränkungsknopf gelegt, in der Schule, im Freundeskreis oder auch durch Eltern und Geschwister. (Ein Buchtipp zum Thema: *Ohrfeige für die Seele* von Bärbel Wardetzki.) Während im Zuge des Erwachsenwerdens die Pickel verschwinden, halten sich Kränkungen leider oft bis ins hohe Alter.

Deshalb: liebevolle Achtsamkeit auch hier. Wenn wir unsere Emotionen, unsere Empfindlichkeiten ansehen, lösen sich manche Knoten wie von selbst. Wenn ich weiß, welches »Päckchen« ich mit mir herumschleppe und wenn ich vor allem die Ursachen herausgefunden habe, entschärfe ich damit quasi meinen Kränkungsknopf, ein großer Schritt in Richtung Gelassenheit!

Wenn ich an ein Symbol für Achtsamkeit denke, fällt mir eine Windharfe ein. Sie kennen vielleicht die zarten Windspiele, die einen zauberhaften Klang erzeugen, wenn eine Brise sie in Schwingungen versetzt. Ist allerdings der Lärm ringsherum zu groß, sind wir zu abgelenkt, sind unsere Sinne verschlossen, dann können wir sie nicht hören. Erst wenn sie scheppernd zu Boden fällt, merken wir den Sturm.

Wir können das Horchen auf unsere innere »Harfe«, die innere Stimme, trainieren. Ohne großen Aufwand, ohne wochenlange Retreats, ohne Kurs: ganz einfach durch Meditation im Alltag. Sie alle tun es längst und nutzen diese Kraftquelle. Was verstehe ich unter Meditation im Alltag? Alle Tätigkeiten, die Sie sowieso erledigen müssen, und bei denen Sie Stille finden können: Bügeln, Badewanne oder Auto putzen, Abwaschen oder Schreibtisch aufräumen. Also alle Situationen, in denen wir ganz mechanisch, ohne lange nachdenken zu müssen, Alltagskram erledigen (aber auch spazieren gehen, joggen oder Powerwalken). Der Körper ist in Bewegung und der Kopf ist frei.

Sie merken es sicher: Gelassenheit hat viel mit unserer inneren Einstellung zu tun. Wir können fluchen, während wir Bad oder Schuhe putzen, können unser Schicksal verdammen, während wir die Ablage erledigen. Aber wir können uns auch entscheiden, uns nicht darüber zu ärgern, sondern diese Zeit zur »Gedankenhygiene« zu nutzen. Es ist eine geschenkte Zeit, wenn wir es so sehen können.

Den gleichen Effekt können wir nutzen, während wir uns etwas Gutes tun lassen oder warten (müssen). Also während einer Massage oder Pediküre, beim Friseur oder bei der Kosmetikerin. Geben Sie sich ruhig einmal wortkarg, schließen Sie die Augen und genießen Sie die Berührungen, dann bekommen Ihre Gedanken automatisch die Einladung zum Tanz. Oder nutzen Sie Wartezeiten – beim Arzt oder im Passamt, in der Schlange vor der Großmarktkasse oder beim Warten auf den Bus. Ihre Gedanken machen sich dann von ganz allein auf die Reise. Wie heißt ein bekannter Spruch? Der Kopf ist rund, damit das Denken die Richtung wechseln kann.

Die einzige Voraussetzung: Stoppen Sie ablenkende Geräuschquellen, das heißt, schalten Sie Radio, Walkman oder Fernseher aus. Telefonieren Sie nicht nebenbei, sondern gönnen Sie sich den Luxus der Stille. Während Ihre

Hände emsig werkeln, während Sie ruhig ausschreiten oder einfach still dasitzen oder liegen, geben Sie Ihrem Geist Gedankenfreiheit. Lassen Sie alles zu, was Ihnen durch den Kopf geht. Zeit zum Gedanken-fliegen-Lassen ist ein wirklicher Luxus, dieses Innehalten ist ein Geschenk. Plötzlich fällt Ihnen etwas ein, was Sie schon lange erledigen wollten. Auf einmal denken Sie an einen Menschen, von dem Sie lange nichts gehört haben. Überraschend taucht eine Situation vor Ihrem inneren Auge auf, über die Sie nachdenken. Was war da los? Plötzlich sehen Sie die Antwort auf eine Frage, die Sie sich vor langem gestellt haben.

Wenn Sie sich erinnern: Sie kennen diese Meditation im Alltag längst, jeder weiß, dass die besten Ideen unter der Dusche kommen. Schärfen Sie lediglich Ihr Bewusstsein für die Nachrichten, die Ihr Unterbewusstsein Ihnen schickt. Sie scheuern die Badewanne: Was beschäftigt Sie? Sie bügeln ein halbes Dutzend Hemden: Was beunruhigt Sie? Sie waschen die Gläser von der Party vom Vorabend ab: Welcher Eindruck lässt Sie nicht los? Sie hacken Unkraut im Garten: Worum kreisen Ihre Sorgen? Sie backen einen Kuchen: Wie hat er das gestern gemeint? Sie saugen das Auto aus: Was hat mich heute Morgen so wütend gemacht?

Wenn Sie ein Gelassenheits-Tagebuch anlegen, können Sie anschließend die Gedanken aufschreiben, einfach so, in Stichworten, ohne gleich zu analysieren, ohne angestrengt nach Lösungen zu suchen. Auch wenn Ihnen dieses Aufschreiben am Anfang komisch vorkommt, wenn Sie denken, das ist doch alles unbedeutend, nein, kein

Gedanke ist zu gering, um ihn zu notieren. Ich bin eine Verfechterin des schriftlichen Festhaltens von Gedanken, Wünschen, Vorhaben, Ärger, Freude ... Meiner Erfahrung nach bedeutet hinschreiben immer auch loslassen. »Mederi«, der Wortstamm zu meditieren, bedeutet »heilen«, ich glaube an die heilsame Kraft des Gedankensammelns. Wir kennen diese entlastende Methode im anderen Zusammenhang. »Oh, das darf ich nicht vergessen«, das kann uns Tag und Nacht quälen. Schreiben wir uns einen Zettel (die moderne Variante des berühmten Knotens im Taschentuch), können wir den Gedanken beruhigt verschwinden lassen.

Auch Tätigkeiten im Job lassen sich zur Meditation im Alltag nutzen: Routinearbeiten wie einpacken, ordnen, ablegen, Wege erledigen, stundenlang in Meetings sitzen, wenn einen das Thema nicht betrifft. Wenn Sie sehr angespannt in Ihrer Arbeit sind, sorgen Sie für Pausen: Aktivieren Sie für ein paar Minuten Ihr DIP-Programm. DIP steht für »Daily Inspiration Program«, diesen Begriff habe ich erfunden. Denn mal ehrlich, klingt er nicht besser als »blöde vor mich hin glotzen«, was dasselbe bedeutet? Trauen Sie sich, aus dem Fenster zu schauen und zu träumen, ein Bild an der Wand zu fixieren (nicht interessiert anschauen, nur den Blick darauf heften). Drehen Sie Ihre Augen auf »unscharf«. So kommen Sie für kurze Zeit aus der Hektik des Alltags zu sich. Spricht Sie dabei jemand an, »Haben Sie nichts zu tun?«, antworten Sie ruhig selbstbewusst: »Ich aktiviere gerade mein DIP-Programm.« »Oh, Entschuldigung, wollte nicht stören ...«

Mich haben an Meditationsmethoden, die ich in Kursen lernen wollte, immer die strikten Vorgaben gestört: »Sie sehen eine rote Rose.« Ich habe aber einfach keine rote Rose gesehen! Alle anderen seufzten in höchster Verzückung auf ihren Decken um mich herum, ich sah alles, aber keine Rose. Oder: »Sie sehen ein weißes, göttliches Licht, es ist in Ihnen.« In mir war nur dunkles Chaos. Und je mehr ich mich anstrengte, umso finsterer wurde es.

Was ich dagegen an der Meditation im Alltag liebe, ist, dass ich in der inneren Stille meine Gedanken fliegen lassen kann. Dass ich nichts zwinge und nichts abwürge. Sondern meine Wahrnehmung nach innen öffne. Lassen Sie die Gedanken kommen, die kommen wollen.

Ich habe einmal gelesen, dass der regelmäßige Kirchgang, den unsere Groß- oder Urgroßmütter noch kannten, solche Rückzugsmöglichkeiten in die innere Stille waren. Die sonore Stimme des Pfarrers störte wenig. Die Rituale verhalfen zur nötigen Routine. Die Worte der Gebete oder Gesänge kannte man auswendig, und die Gedanken konnten dabei fliegen. Aussteigen aus einem Tagesablauf von Pflichten und Mühen, aus den Ansprüchen, den andere an uns hatten, bedeutete eine Zeit für sich ganz allein zu haben. Und das wurde auch noch von höchster Stelle sanktioniert. Ein verführerischer Gedanke.

Ob Dom oder Wald, Badezimmer oder Büro, Bahnhof oder Meldestelle – Meditation im Alltag heißt, den Blick nach innen zu richten, ganz bei mir und ganz nahe an meinen Erlebnissen und Gefühlen zu sein.

Wenn ich achtsam bin, auf mich höre, mich spüre, dann bin ich auch offen für Informationen, die ich von außen bekomme. Und in meinem Verständnis gehört zur Achtsamkeit die Achtung – auf andere und für andere. Das bedeutet: behutsam mit anderen Menschen umzugehen, ihnen zuzuhören und zu versuchen, sie zu verstehen. Ein paar Beispiele:

- Mein Partner hat zum dritten Mal vergessen, die Sachen aus der Reinigung zu holen. Anstatt sauer zu werden und ihn anzupfeifen: »Immer vergisst du ...«, nehme ich das als Signal. Ich frage ihn abends in Ruhe: »Schatz, bist du zur Zeit sehr angespannt? Was macht dein Projekt?«
- Mein Kind stochert lustlos im Essen. Anstatt es anzutreiben: »Nun mach schon«, nehme ich das Signal auf. »Na, was beschäftigt dich so, dass dir sogar der Appetit vergangen ist?«
- Mein Vorgesetzter macht Stress, setzt mich unter Termindruck. Statt trotzig zu reagieren: »Ich habe auch nur zwei Hände ...«, frage ich nach: »An diesem Auftrag hängt eine ganze Menge dran, nicht wahr? ...«
- Mein Kollege schmeißt die Tür hinter sich zu, als er ins Büro kommt. Statt ihn anzugiften: »Geht's auch ein bisschen leiser?«, schaue ich ihn freundlich an und frage »Ärger gehabt?«

Das Muster ist klar, oder? Vielleicht fällt Ihnen auf, dass es bei diesem System auch um den anderen geht, aber es geht in erster Linie darum, mir selbst die Gelassenheit zu erhalten. Ich beschließe, mich nicht zu ärgern. Ich beschließe, das Verhalten des anderen nicht persönlich, als Provokation zu nehmen. Ich beschließe, die Ursachen des Verhaltens zu erkennen. Grundlage für diesen Willensentschluss ist der Glaube daran, dass der Mensch nicht von Natur aus böse ist. Dass er nicht vorsätzlich gemein zu mir ist, sondern dass es für sein Verhalten immer einen Grund gibt. Empathie, die Fähigkeit, sich in andere hineinzufühlen, ist eine wunderbare Eigenschaft, um gelassen zu bleiben.

Um Missverständnisse zu vermeiden: Ich muss nicht alles gut finden, was andere Menschen machen, o nein, ich muss mir auch nicht alles gefallen lassen. Aber es hilft mir zu akzeptieren, dass andere ihre eigenen Wünsche, Überzeugungen und Ziele, ja und eben auch Stressoren haben. Gelassenheit hat als Voraussetzung, Menschen zu mögen! Wenn ich alle anderen nur blöde finde, habe ich tausend Gründe, mich über sie aufzuregen. Wenn ich dagegen das Anderssein der anderen ertragen kann, habe ich einen großen Schritt in Richtung Gelassenheit gemacht.

Wir alle wissen, dass es nicht nur zauberhafte, wohlwollende, charmante Menschen gibt. Und trotzdem müssen wir vielleicht mit ihnen auskommen, weil sie unsere Vorgesetzten oder Kunden sind, die Lehrer unserer Kinder oder unsere Vermieter. Mir hilft da manchmal ein kleiner Trick. Ich stelle mir vor, dass auch dieser Mensch mal ein kleines rosiges Baby gewesen ist. Und dann denke ich mir, was muss man diesem Kind angetan haben, dass er als Erwachsener so unzufrieden, ungerecht oder sonst wie unangenehm geworden ist. Dieser Gedanke hilft mir dabei, nicht Verachtung, Ärger, Wut oder gar Hass auf ihn zu entwickeln, und das tut mir gut! Dass ich diesen Menschen nicht ändern kann, das weiß ich inzwischen, aber ich kann verhindern, dass er meine Lebensfreude trübt, dass er ein Stachel in meinem Fleisch wird.

Ähnliches gilt, um noch einmal das Thema aufzunehmen, im Umgang mit Kindern in der Pubertät. Manche Eltern verlieren entscheidend an Gelassenheit, wenn sie mit ihren Heranwachsenden hadern. Ich habe das mit meinen Kindern nie erlebt, aber es scheint erbitterte Kämpfe in dieser Zeit zu geben, abgrundtiefes Misstrauen und völliges Unverständnis. Dafür kann man nicht die Kinder verantwortlich machen. Wissenschaftler haben längst festgestellt, dass Pubertierende nicht ganz zurechnungsfähig sind. Liebevolle Achtsamkeit heißt für mich auch Wissen erwerben, lesen, mit anderen Eltern reden. Warum wird mir mein Kind so fremd, was passiert in der Pubertät? Hasst es mich wirklich oder ist es normal, dass es tagelang nicht mit mir spricht (es ist wohl normal)? Achtsamkeit kann mir helfen, aus der Hilflosigkeit zu finden, Geduld zu entwickeln und die Hoffnung, dass es sich nur noch um Jahre handeln kann, bis alles wieder gut wird (später werde ich mich dann aufregen, dass Sohnemann oder Herzenstochter auch mit Ende 20 noch nicht ausziehen will).

Achtsamkeit kann uns helfen, Eskalationen zu verhindern. Manch böser Streit lässt sich vermeiden, wenn wir rechtzeitig auf die Anzeichen der Verstimmung achten: Die Kollegin zieht sich zurück, der Partner stichelt, die Freundin ruft nicht mehr an, das Kind schmollt, der Vorgesetzte lädt uns immer mehr Arbeit auf ... Wenn wir all unsere Sinne aktiv für uns arbeiten lassen, wenn wir genau hinsehen und hinhören, merken, dass uns etwas »stinkt«, fühlen, wo etwas nicht stimmt, dann ist die

Chance groß, rechtzeitig zu reagieren. Wahrnehmen bedeutet, für die Informationen offen zu sein, die wir täglich bekommen.

Ich habe Ihnen einige kleine Übungen zusammengestellt, wie Sie Ihre Wahrnehmung schärfen können. Dabei geht es nicht um einen Test oder eine Prüfung, sondern einfach um das Schulen Ihrer Sinne. Sie wissen doch: Je öfter wir etwas machen, umso besser können wir es.

1. Visuelle Wahrnehmung
Mit dieser Übung schärfen Sie Ihren Blick. Wer mehr wahrnimmt, bekommt mehr Informationen, beispielsweise über den Status einer Person, ihre Vorlieben, ihre Bedürfnisse, ihre Gefühle.

Schauen Sie eine Person in Ihrem Umfeld genau an, mit der Sie länger zusammen sind, eine Arbeitskollegin, Ihren Chef, Ihren Freund/Ihre Freundin, die Bedienung in einem Café, und merken Sie sich, was die Person anhat, welchen Schmuck sie trägt und welche Frisur, welche Form ihre Augenbrauen oder Ohren haben und was Ihnen sonst noch so an ihr auffällt. Gehen Sie aus dem Raum und notieren Sie kurz, an was Sie sich erinnern. Je mehr Ihnen einfällt, umso besser. Gehen Sie wieder in den Raum und vergleichen Sie, was Sie alles richtig erinnert haben.

2. Auditive Wahrnehmung
Mit dieser Übung schärfen Sie Ihr Hörvermögen. Wer genau hinhorcht, bezieht Informationen auch aus Nebensätzen, aus Andeutungen, aus dem Klang der Stimme, über Gefühle. Zuhören macht schlauer.

Hören Sie eine Kassette mit einem Vortrag oder einer Geschichte, die Sie zum ersten Mal hören. Oder spielen Sie eine CD mit einem Song, den Sie noch nicht kennen, dessen Text Sie aber verstehen können. Schreiben Sie dann auf, woran Sie sich erinnern. Worum ging es, an welche Aussagen erinnern Sie sich, was können Sie zitieren? Wie klang die Stimme? Welche Gefühle drückte sie aus? Vergleichen Sie Ihre Aufzeichnungen anschließend mit dem Original.

3. Haptische Wahrnehmung

Jeder Händedruck gibt uns Informationen über den Menschen, der uns begrüßt. Jedes Briefpapier sagt mit seiner Schwere oder Feinheit etwas über den Absender. Schulen Sie Ihre haptischen Fähigkeiten mit dieser kleinen Übung: Lassen Sie sich von jemand anderem drei Gegenstände in eine Tüte oder einen Stoffbeutel legen und versuchen Sie, nur durch Begreifen herauszufinden, worum es sich handelt. Oder: Spielen Sie öfter mal mit Handschmeichlern, wie schönen Steinen oder Holzgegenständen. Genießen Sie die Impulse, die Ihre empfindsamen Hände dem Gehirn schicken. Eine Untersuchung hat übrigens gezeigt: Teilnehmer, die während einer Konferenz »Knautschbälle« drücken durften, waren deutlich kreativer als diejenigen, die diese »Nebentätigkeit« nicht hatten.

Um gelassener im Umgang mit anderen zu werden, ist es hilfreich, das Verhalten der anderen als Ausdruck ihrer Persönlichkeit zu erkennen und nicht als »persönlichen

Angriff« zu werten. Das heißt nicht, alles hinzunehmen, sondern mit kühlem Kopf die eigenen Wünsche dagegenzustellen und zu vertreten. Wie wir mit den divergierenden Zielen umgehen können, das werde ich in späteren Kapiteln erläutern. Aber Voraussetzung ist erst einmal, sehr aufmerksam und wach unsere Umwelt wahrzunehmen. Je »sinnesklüger« wir sind, umso besser können wir die Welt um uns herum einschätzen. Und umso gelassener können wir reagieren.

Maximilian F. beispielsweise, 31, Marketingspezialist, spekuliert auf eine Führungsposition, die in seiner Firma demnächst neu zu besetzen ist. Er findet, dass er alle Voraussetzungen dafür hat. Er hat gute Ergebnisse erzielt, ist angesehen bei seinen Kunden. Eigentlich spricht alles für ihn, meint er. Als die Stelle besetzt wird, geht er leer aus, ein Kollege bekommt sie. Er fühlt sich von diesem hintergangen, vom Chef düpiert. Maximilian ist wütend und enttäuscht.

Als er sich wieder etwas beruhigt hat, fallen ihm im Nachhinein diverse Hinweise auf, die er offensichtlich aufgenommen, aber nicht als Zeichen erkannt hatte. Der Chef hat sich in Konferenzen immer wieder lobend über den Kollegen geäußert. Die beiden sind auch schon mal zusammen Skifahren gegangen. Maximilian bekam in einem Mitarbeitergespräch das Feedback, manchmal etwas »schwierig« zu sein. Er hätte es »wissen« können, dass er die schlechteren Karten hat. Hätte er die Signale aufgenommen, wäre ihm eine Enttäuschung erspart geblieben – oder er hätte rechtzeitig Strategien entwickeln können, um seine Chancen zu verbessern.

Wir bekommen aus unserer Umgebung viel mehr Botschaften, Signale, als wir glauben. Wir müssen nur unseren Empfänger dafür anschalten. Vielleicht haben Sie in Ihrem Bekanntenkreis schon einmal erlebt, wie überrascht jemand über das Ende seiner Partnerschaft war. »Aber wieso, wir waren doch glücklich!«, hört man dann oft. »Warum hast du nichts gesagt?«, lautet der Vorwurf. Im Nachhinein lassen sich viele Anzeichen der Krise benennen, aber sie wurden nicht wahrgenommen. »Wie deutlich hätte ich es dir denn noch zeigen müssen, dass ich unglücklich bin«, habe ich mal eine Frau zu ihrem Ex sagen gehört: »Hast du dich gar nicht gewundert, wie unsere Ehe verarmt ist?«

Doch genauso, wie wir mit guter Wahrnehmung Krisen frühzeitig erkennen können, können wir auch Chancen erkennen. Was hat die Nachbarin erzählt, im zweiten Stock wird demnächst diese umwerfende Traumwohnung frei? Ich sollte gleich mal den Vermieter anrufen. – In der Konferenz habe ich nebenbei mitbekommen, dass eine neue Abteilung eingerichtet wird. Das wäre doch was für mich, hey, Chef ... – Was hat meine Freundin aus dem Kindergarten erzählt, da soll demnächst eine Krabbelgruppe angeboten werden? Nichts wie hin. Wer Augen und Ohren offen hält, wer mehr Signale empfängt als andere, der kann gelassen in die Zukunft schauen.

Das Symbol für Achtsamkeit: die Windharfe

Es bedarf der Stille, um das feine Klingen wahrzunehmen. Herrscht zu viel Lärm ringsumher, geht ihre zarte Melodie unter.

Übungen

Konzentrieren Sie sich in den nächsten vier Wochen auf folgende Fragen:

1. Woche: Worauf reagiere ich gereizt?
2. Woche: Wann werde ich besorgt oder hektisch?
3. Woche: Wann verspüre ich Zufriedenheit?
4. Woche: Wie reagieren andere auf mich?

Schreiben Sie Ihre Beobachtungen in Ihr Gelassenheits-Tagebuch.

Morgenmeditation

Was bedeutet heute Achtsamkeit für mich?

Abendbilanz

Wo war heute meine Achtsamkeit?

Wunsch

Ich achte aufmerksam auf meine Wahrnehmung und auf meine Gefühle.

ZWEITER SCHLÜSSEL

Balance

Das rechte Maß finden

Faulenzen ist etwas Herrliches. Sich in einer Arbeit verlieren auch. Sich um andere kümmern ist sehr befriedigend. Allein sein auch. Herausforderungen erleben ist großartig. Sicherheit in bestimmten Abläufen haben auch. Stress bringt uns zur Höchstform. Stress kann uns krank machen. Alle Aussagen stimmen und scheinen sich doch zu widersprechen. Denn es liegt nur am rechten Maß: an der richtigen Balance! Gelassenheit ohne Balance ist undenkbar. Was uns aus dem Gleichgewicht bringt, beeinflusst unsere Lebensfreude.

Balance heißt dabei keineswegs, dass sich unser Leben immer auf der gleichen Ebene abspielt, monoton, ohne auf und ab. Nein, Leben ist eine Berg- und Talbahn, mit Aufschwüngen und Abgründen, mit Herausforderungen und Muße, mit Erfolgen und Misserfolgen. Wir müssen nur darauf achten, dass die Abwechslung gewahrt bleibt.

Glauben Sie mir, dieses Kapitel ist eines der wichtigsten für mich selbst. Ich habe längst gemerkt: Erfolg ist verführerisch. Hier eine Anfrage für einen Vortrag, da eine für ein Buch, hier ein Seminar, da noch ein Einzelcoaching, und da wäre noch diese wahnsinnig attraktive Moderation ... Neinsagen ist verdammt schwer. Und vor allem: Wer weiß, was nächstes Jahr ist?

Ich habe einen guten Freund, mit dem ich offen über solche Themen reden kann, und der meinte neulich liebevoll: »Pass auf dich auf.« Das ist das, was ich sonst immer anderen Leuten sage: Passt auf euch auf. Achtet auf eure Balance. Also, ich weiß, wovon ich schreibe.

Arbeit und Freizeit sind ungerecht verteilt in unserer Welt: Die einen klagen über zu viel Arbeit und zu wenig Zeit, die anderen haben zu viel Zeit und keine Arbeit. Irgendwo dazwischen läge die perfekte Balance. Oder? So einfach ist es nicht. Ich bin überzeugt, dass man in jeder Situation für eine gesunde Balance sorgen kann.

Erinnern Sie sich noch, wie Sie als Kind über Gartenmauern, auf Holzstämmen oder auf Steinen im Bach balanciert sind? Die Arme weit ausgestreckt, um das

Gleichgewicht zu halten und manchmal die Zunge als »Ruder« benutzend. Erinnern Sie sich an das Flattern im Magen, je nach Höhe? An die Freude, wenn Sie es geschafft hatten? Balance ist das Gegenteil von Starrheit, sie erfordert absolute Flexibilität und Beweglichkeit.

Das Leben ist vergleichbar mit solch einem Parcours. Wir schaffen auch hier nur die Balance, wenn wir einigermaßen das Gleichgewicht halten können:

- zwischen Anspannung und Entspannung
- zwischen Bemühen und Erfolg
- zwischen Ernst und Spiel
- zwischen Wünschen und Handeln
- zwischen Fähigkeiten und Anforderungen
- zwischen Herausforderung und Routine
- zwischen Eu-Stress und Dis-Stress
- zwischen Pflicht und Kür.

Wie gesagt, Balance heißt nicht, die Waage bewegungslos in der Mitte zu halten, sich in Starrheit zu flüchten. Zu glauben, wenn wir schön still halten, geht's uns gut. Unterforderung kann genauso zehrend sein wie Überforderung. Wer sich in Routine flüchtet, wer keine Erfolgserlebnisse mehr hat, wer morgens schon sagen kann, wie sein Tag enden wird, erlebt auch nicht den Ausschlag nach oben: Das Gefühl, etwas Besonderes geleistet zu haben, das Abenteuer einer neuen Begegnung, das Sich-Ausprobieren, Irrungen, Wirrungen. Das Leben ist zu bunt – erfreuen wir uns nicht nur an einer verstaubten Stoffblume.

Das spricht nicht gegen Phasen des absoluten Nichtstuns, der gepflegten Langeweile. Es gibt nichts Herrlicheres, als einfach mal so rumhängen zu können, lange zu schlafen, im Garten oder am Strand zu liegen, die Sockenschublade aufzuräumen, Kreuzworträtsel zu lösen, den Vögeln beim Nestbau zuzusehen oder den Nachbarn beim Autowaschen. Aber wollen Sie das zu Ihrem einzigen Lebensinhalt machen? Einen Wert bekommt das süße Nichtstun dadurch, dass es ein Luxus ist und nicht im Sonderangebot des Lebens zu haben ist.

Auf der anderen Seite sind da die Menschen mit dem Schleudertrauma: Jeden Tag auf der Matte, volle Power, heute Frankfurt, morgen Chicago. 14 Stunden sind kein Tag. Drei Projekte gleichzeitig, Zeit ist Geld. Druck satt. Der Chef drängelt, die Zahlen sind schlecht. Die Berater sitzen im Nacken. Und am Wochenende zu Hause kann man endlich mal in Ruhe was wegarbeiten. Der Partner wartet. Kann lange warten. Todmüde. Das ist die bezahlte Variante.

Die unbezahlte: morgens die Kinder für Schule und Kindergarten fertig machen, hinfahren, einkaufen, Wohnung aufräumen, Wäsche waschen, alten Eltern (Großeltern, Schwiegereltern) helfen, mittags die Kinder abholen, Mittagessen machen, Hausaufgaben betreuen, das eine Kind zum Ballett fahren, das andere zum Klavierunterricht, die Tante zum Arzt bringen, wieder abholen, Abendbrot richten, essen, Kinder ins Bett bringen, Freundin am Telefon trösten. Und dazu wartet die Bügelwäsche. Der Partner auch. Kann lange warten. Todmüde.

Menschen, die überfordert sind, jonglieren am Rande des Nervenzusammenbruchs. Sie treiben Raubbau mit ihrer Energie. Sie müssen akzeptieren, dass ihre Energie nicht unendlich ist. (Ich auch. Und ich habe schon eine ganze Menge, glauben Sie mir). Unser grundlegendes Lebensproblem hat der amerikanische Psychoanalytiker Jay B. Rohrlich einmal die Suche nach dem Gleichgewicht zwischen Arbeit, Familie und Privatleben genannt. »Die Herausforderung geht uns alle an, und jeder von uns muss seine eigene persönliche Strategie entwickeln, um mit ihr fertig zu werden, denn ohne befriedigende Arbeit und lustvolle Liebe wird das Leben eine Art Tod.« Harte Worte.

Mit Hilfe einer kleinen Übung können Sie sich einmal genauer anschauen, ob Sie alles in eine Waagschale werfen oder relativ ausbalanciert leben:

Zeichnen Sie einen Kreis, Ihr »Lebensrad«. Und versuchen Sie alles, was Sie an einem normalen Tag in Ihrer wachen Zeit machen, darin einzutragen. Nehmen Sie den Durchschnitt einer Woche, also rechnen Sie das Wochenende in Ihr Zeitschema mit ein. Die »Tortenstücke« Ihres Tages können heißen:

- Beruf
- Partner
- Kinder
- Hobby
- Haushalt
- Fahrten
- Einkaufen
- Freunde
- Sport
- Familie
- Fernsehen
- Ehrenamtliches Engagement
- Weiterbildung
- Zeit für mich

Sie brauchen die Anteile nicht auf ein Zehntelprozent ausrechnen, aber es ist interessant, die Gewichtung zu sehen. Dann können Sie erkennen: Wo liegen meine Schwerpunkte? Wünsche ich mir mein Leben genauso? Bin ich mit der Verteilung zufrieden? Wovon hätte ich gerne mehr, wovon weniger? Wofür wünsche ich mir mehr Zeit? Was möchte ich abbauen? Stimmt das Verhältnis von Belastung und Freude?

Ein Beispiel: Karin R., 41, halbtags in einem Büro beschäftigt, Mutter von drei Kindern, saß fassungslos über ihrem Lebensrad. Das Tortenstück »Zeit für mich« fehlte ganz. Die Anteile für »Hobbys« und »Zeit für Freunde« waren ihr viel zu wenig. »Zeit, was ist das?«, fragte sie sarkastisch. Und sie spürte ihre Unzufriedenheit in sich bitter aufsteigen. Das Interessante an der Tortenübung: Wer von einem Stück mehr haben will, muss woanders etwas wegnehmen. Den Tag verlängern kann man schließlich nicht.

Karin beschloss, sich als Erstes im Haushalt Hilfe zu suchen. Ihr Einsatz: »Geld für eine Reinigungsfrau.« Ihr Profit: »Damit kann ich drei Stunden in der Woche für mich gewinnen.« Ihre nächste Erkenntnis: »Ich möchte wieder öfter mit meinem Mann ausgehen. Ab und zu Freunde treffen.« Ihr Einsatz: »Das liegt nicht am Geld. Ich muss meinem Mann klarmachen, dass ich mit ihm ausgehen möchte. Wir reden in letzter Zeit zu wenig miteinander.« Ihr Profit: »Freude, wieder mehr Freude.«

Unzufriedenheit über unsere Lebensbelastung macht uns reizbar. In Balance zu investieren, bedeutet Lebensfreude gewinnen. Und damit Gelassenheit. Die wenigsten Menschen haben zu jeder Zeit ihre verschiedenen »Tortenstücke« in der Balance. Aber über einen längeren Zeitraum muss das Gleichgewicht wiederhergestellt werden.

Wenn ich ein Buch schreibe, so wie gerade, bin ich alles andere als in der Balance, sondern in höchster Angespanntheit. Ich weiß aber: In wenigen Wochen ist es vorbei, dann kommen wieder andere Zeiten mit Muße und vielen Freunden rund um meinen großen Esstisch. Und ich kann die herrlichen Früchte der Selbstständigkeit genießen: an einem Mittwochmorgen in die Sauna gehen, nachmittags um drei den Computer ausschalten und mich an die Isar setzen, montagmorgens mit Freundinnen frühstücken, im Sommer fünf Wochen Urlaub machen.

Wenn Sie gerade in einem anstrengenden Projekt stecken mit langen Arbeitstagen, oder wenn Sie sich gerade selbstständig gemacht haben und Ihr Geschäft ganz am Anfang ist, oder wenn Sie sich nach einer Trennung gerade wieder eine Existenz aufbauen, dann schlägt Ihre Lebenswaage naturgemäß sehr einseitig aus. Geben Sie sich selbst eine Zeitschiene: Wann soll sich die Situation entspannen? Wann werden Sie die »zweite Hälfte des Himmels« wieder genießen, Lust, Liebe, Leidenschaft? Achten Sie darauf, dass Sie baldmöglichst aus der »Hektikfalle« wieder herausfinden. Der Stress-Experte Hans Eberspächer beobachtet diesen ganz normalen Wahnsinn und »tröstet« Manager bei seinen Vorträgen: »Nach dem ersten Herzinfarkt werden Sie genug Zeit haben, in dem netten Kurhotel, mit der netten Spieltherapeutin. Dort werden Sie dann wieder lernen zu spielen wie zu Zeiten, als Sie noch ein glückliches Kind waren.«

Lassen Sie es lieber nicht so weit kommen. Riskieren Sie es nicht, in eine Situation zu geraten wie in diesem Witz: Ein berühmter Spitzenmanager wird in einem Interview gefragt: »Haben Sie Familie?« Er überlegt lange, schaut versonnen vor sich hin und antwortet dann: »Familie? Das würde die fremden Menschen bei mir zu Hause erklären.«

Ich habe festgestellt, dass viel Arbeiten und viel Erfolg sehr viel Spaß machen können, dass aber auch die »Reparaturkosten« immer höher werden: Wir brauchen Massagen für den verspannten Rücken, das Gefühl, uns mit etwas Wertvollem »belohnen« zu müssen, auch privat gönnen wir uns nur noch Business zu fliegen und in teuren Hotels abzusteigen. Genug gejammert. Was ich damit nur sagen will: Alles hat seine Vorteile. Und seinen Preis.

Woran erkennen Sie, wenn Sie überfordert und nicht mehr ganz bei sich sind? Häufig sind es kleine Fehler und Patzer, oder Sie vergessen immer mehr. Ich erinnere mich, als ich noch fest angestellt war und nebenbei immer mehr Seminare und Vorträge hielt, war ich oft ziemlich verwirrt. Ich schrieb Telefonnummern auf, ohne den dazugehörigen Namen. Ich notierte Verabredungen in meinem Kalender, ohne Angaben, wo wir uns treffen wollten. Ohne Aufschreiben merkte ich mir eigentlich überhaupt nichts mehr. Dabei kam es auch schon mal vor, dass ich mir einen Zettel schreiben wollte und auf das Post-it »Zettel« schrieb. Einmal saß ich halb lachend, halb weinend vor solch einer Meisterleistung.

Irgendwann kapierte ich endlich, mein Hirn meldete »Festplatte voll«. Ich musste mich entscheiden, alles, anspruchsvoller Job, anspruchsvolle Nebentätigkeit und Familie, ging nicht mehr gleichzeitig. Nach langem Zögern kündigte ich meine Stelle als Redakteurin und ließ mich auf das Wagnis Selbstständigkeit ein. Heute kann ich sagen, es war die beste Entscheidung meines Lebens.

Wenn Sie etwas für Ihre Balance und damit für Ihre Gelassenheit tun wollen, aber vor lauter Arbeit nicht mehr klar durchblicken, dann treten Sie in Gedanken einen Schritt zurück. Gewinnen Sie Abstand und geben Sie dem Kopf »frei«. »Schleusen«, nennt Hans Eberspächer solche Momente. Holen Sie sich einen Kaffee oder Tee. Oder trinken Sie ein Glas Wasser in langsamen Schlucken. Bringen Sie einen Brief in die Poststelle oder laufen Sie einmal ums Haus.

Wenn solche Spontanaktionen nicht mehr helfen, bringt Sie vielleicht eine Auszeit weiter: Ein Wochenende zum Nachdenken? Ein längerer Urlaub ohne Freizeitstress? Es muss ja nicht gleich die Flucht ins Kloster oder ein einjähriges Sabbatical sein. Ich habe die Erfahrung gemacht, dass Bewegung kreativ macht, also fahren Sie weg, ändern Sie Ihren Standort. Sehen Sie Ihr Leben aus einem neuen Blickwinkel.

Eine kleine Übung, die Sie gleich jetzt machen können: Stehen Sie kurz auf, recken und strecken Sie sich, laufen Sie ein paar Schritte. Und dann nehmen Sie Ihr Gelassenheits-Tagebuch zur Hand und notieren Sie: Was liebe ich an meiner derzeitigen Situation, was geht mir auf den Geist? Wo bin ich in der Unbalance und was will ich? Denken Sie daran: Nur Sie können an Ihrer Lebenssituation etwas verändern, niemand anderer wird es für Sie tun.

Das gilt auch für Ihre ganz persönliche Energiebalance. Kennen Sie die ganzen Energiefresser, die Ihre Batterien belasten und den Pegel sinken lassen? Und kennen Sie auf der anderen Seite Ihre Energiequellen, die den Pegel wieder steigen lassen?

Schreiben Sie einmal auf: Wer/was kostet Sie Energie? Denken Sie an den Beruf, an tägliche Aufgaben, an die Menschen in Ihrem Umfeld, an Situationen und Sorgen. Legen Sie dann eine zweite Liste an: Wer/was gibt Ihnen Energie? Denken Sie an Freude und Anerkennung, Herausforderungen, Menschen, Projekte.

Vergleichen Sie im dritten Schritt Ihr Soll- und Haben-Konto. Erkennen Sie eine Unbalance? Sie haben zwei Möglichkeiten, für eine bessere Balance zu sorgen:

1. Sie können Energiefresser stoppen, beispielsweise Freunde, die Sie ausnutzen, oder Familienmitglieder, die sich allzu sehr auf Sie verlassen. Vorgesetzte, die Sie zu sehr belasten, oder Aufgaben, die Sie nur stressen. Was können Sie loswerden? In welchen Fällen müssen Sie öfter »Nein« sagen?
2. Sie können Energiequellen schaffen oder besser nutzen. Wen sollten Sie öfter treffen? Mit wem was unternehmen? Was tut Ihnen richtig gut, wovon wollen Sie mehr? Was macht Sie wirklich glücklich. Tun Sie's! Öfter!

Überforderung kann stressen, Unterforderung aber auch, das hat die kanadische Professorin Edwidge Desjardins von der Universität Québec in Montreal herausgefunden. Ihr Schwerpunkt ist Laufbahnforschung und sie hat eine sehr interessante Zufriedenheitskurve im Job entwickelt. Diese umfasst einen Zeitraum von fünf Jahren:

- Das erste Jahr im neuen Job bringt Unsicherheit mit sich, wir machen noch viele Anfängerfehler, müssen oft fragen, der Stressfaktor ist hoch.

- Das zweite Jahr bringt mehr und mehr Sicherheit, die Anzahl der Fehler sinkt, die der Erfolgserlebnisse steigt. Die Arbeit macht mehr und mehr Freude.
- Das dritte Jahr ist fantastisch. Wir machen so gut wie keine Fehler mehr, sind ausgeglichen und haben Erfolgserlebnisse satt. Stress ist sehr gering.
- Das vierte Jahr bringt viel Routine, Arbeitsabläufe wiederholen sich, die Zufriedenheit sinkt. Langeweile schleicht sich ein.
- Das fünfte Jahr ist geprägt von Unzufriedenheit und einer wieder steigenden Fehlerquote. Wir passen nicht mehr richtig auf, sind gestresst und haben keinen Spaß mehr. Unser Job ist in Gefahr.

Viele Menschen, denen ich diese Kurve gezeigt habe, konnten sich darin wiederfinden, auch wenn sie schon über das fünfte Jahr hinaus waren. Ja gerade dann. Das erklärte ihnen ihre Unzufriedenheit, »obwohl ich doch eigentlich eine ganz gute Stelle habe«.

Die Erkenntnis der Madame Desjardins bedeutet nicht unbedingt, dass ich alle fünf Jahre meinen Job wechseln muss. Aber sie macht klar, dass spätestens zu Beginn des vierten Jahres eine neue Herausforderung, ein neues Sachgebiet, eine Beförderung oder ein neues Projekt dazu kommen muss, damit ich mit der gleichen Begeisterung weiterarbeiten kann.

Ich habe meinen eigenen Lebenslauf mal darauf abgecheckt: erste Stelle in einer Tageszeitung: sechs Jahre (nach dem vierten Jahr neuer Schwerpunkt). Gekündigt, weil unzufrieden. Dann eine Zeit mit Arbeitslosigkeit, ABM-

Maßnahmen und Job als Sekretärin, während ich meine Kinder bekam, insgesamt vier Jahre. Zweite Redakteursstelle: fünf Jahr bei einer Eltern-Zeitschrift, lange mit viel Engagement und Freude (kündigte, weil ich dort für mich keine Perspektiven sah). Dritte Redakteursstelle: anderthalb Jahre als Textchefin in einer Zeitschrift (unglücklich, schaffte den Absprung). Vierte Redakteursstelle: neun Jahre bei einer Frauenzeitschrift Ressortleiterin Karriere und Finanzen. Nach vier Jahren kam das Ressort Multimedia hinzu, fand ich superspannend. Nach acht Jahren Ermüdungserscheinungen, keine Perspektive. Kündigte, machte mich als Managementtrainerin selbstständig.

Sie sehen, meine Erfahrung stimmt ansatzweise mit der Theorie überein, die wenigsten von Ihnen werden wohl eins zu eins zur kanadischen Kurve ihre Berufsverläufe analysieren können, aber vielleicht erkennen Sie, so wie ich, ein paar Parallelen. Erkennen Ursachen für das Gefühl der Langeweile, der Unterforderung in Ihrem Job. Wenn Sie zur Zeit Familienmanagerin (früher nannte man das Hausfrau) sind, entdecken Sie Parallelen vielleicht auch in Ihrem unbezahlten Job. Interessant ist, dass ein Großteil der Menschen, der in ihrer Arbeit unzufrieden ist, auch privat wenig Energie entwickelt. Sie kommen so »gedämpft« nach Hause, dass sie sich nicht mehr aufraffen können, noch etwas zu unternehmen.

Hier eine kleine Übung, damit Sie sofort etwas für Ihre Zufriedenheit machen können:

Schreiben Sie (am besten in Ihr Gelassenheits-Tagebuch) zehn Dinge auf, die Sie sehr gerne tun oder früher sehr gern getan haben. Im zweiten Schritt überlegen Sie, wann Sie diese Sachen zum letzten Mal getan haben (erschrecken Sie nicht, wenn es lange zurückliegt, das ist häufig so). Und suchen Sie sich eine Lieblingsbeschäftigung aus, die Sie in den nächsten zwei Wochen tun werden.

Hier die Liste von Michael K., 38, Angestellter in einem Energieversorgungsunternehmen:
 1. Mit Freunden Motorrad fahren
 2. Squash spielen
 3. In einem Bergsee schwimmen
 4. Fußball spielen
 5. Eine Bergtour machen
 6. Mit meiner Freundin ein Wochenende verreisen
 7. An meinem Motorrad herumbasteln
 8. Ins Kino gehen
 9. Abends in einer Kneipe abhängen
10. Karten spielen

Er war selbst erstaunt, als er überlegte, wann er was zum letzten Mal getan hatte. »Ich arme Sau!«, war sein erster kopfschüttelnder Kommentar. In sein Gelassenheits-Tagebuch schrieb er: »Ich werde am Wochenende meine Freundin zu einer Bergtour einladen. Die Route legen wir gemeinsam fest. Ist das Wetter absolut unmöglich, verschieben wir die Tour auf das nächste Wochenende.«

Aber das geht doch nicht, denken Sie vielleicht, ich habe doch Verpflichtungen, Erwartungen, ich kann doch nicht einfach ... »Wenn Spiel, Tanz, Freude und Geselligkeit in Ihrem Leben vorkommen, werden Sie auch Erfolg im Beruf haben«, sagt der Münchner Psychologe Erich Bauer. Wenn die Balance stimmt, wenn Sie ganz bei sich sind, dann können Sie Ihre inneren Ressourcen wirklich nutzen, haben genug Energie für Ihre Vorhaben und schaffen Raum für Ihre Kreativität. Dann können Sie ganz gelassen nach vorne schauen.

Das Symbol für Balance: die Waage

In ihren zwei Waagschalen liegen die gegensätzlichen Lebensanforderungen. Ziel ist es, sie immer wieder ins Gleichgewicht zu bringen.

Übungen

Konzentrieren Sie sich in den nächsten vier Wochen auf folgende Fragen:

1. Woche: Wo stimmt die Balance nicht?
2. Woche: In welcher Zufriedenheitsphase bin ich?
3. Woche: Was/wer sind meine Energiefresser?
4. Woche: Was/wer sind meine Energiequellen?

Schreiben Sie Ihre Beobachtungen in Ihr Gelassenheits-Tagebuch.

Morgenmeditation
Was bedeutet heute Balance für mich?

Abendbilanz
Wo war heute meine Balance?

Wunsch
Ich achte darauf, meine Energiebalance auszugleichen.

DRITTER SCHLÜSSEL

Dankbarkeit

Gib dem Leben Leichtigkeit

Vor einiger Zeit wurde ich gefragt, ob ich Lust hätte, eine tägliche Fernsehsendung zu moderieren. Spontan sagte ich ja. Wow! Eine eigene Fernsehsendung! Täglich! Endlich berühmt! Ich wurde zu einem Casting eingeladen, das ich gewann. Ich wurde zu Probeaufnahmen gebeten, die gut ankamen. Ich moderierte eine erste Probesendung, die in dem entscheidenden Gremium – durchfiel. Bäh! Eine andere Produktionsfirma bekam den Auftrag. Ich war einen Tag lang enttäuscht, wirklich enttäuscht. Kämpfte mit meiner verletzten Eitelkeit. Am Abend dieses Tages tauchte plötzlich ein tiefes Gefühl der Dankbarkeit in mir auf. Ich war verwirrt.

Aber dieses Gefühl gewann die Oberhand. Gott sei Dank muss ich nicht diese Sendung moderieren, täglich, das wurde mir plötzlich fröhlich bewusst. Und auf einmal fielen mir ganz viele Gründe ein, warum diese Chance, die sie ohne Zweifel gewesen war, mein ganzes Leben umgeschmissen hätte: Ich hätte kaum noch als Trainerin oder Coach arbeiten können, ich hätte die meiste Zeit in einer anderen Stadt wohnen müssen. Ich hätte mich den Vorgaben von Redakteuren und Regisseuren fügen müssen. Jetzt fiel mir ein, dass ich das Programmkonzept von Anfang an nicht ganz überzeugend fand. Ich hätte jede Menge Kompromisse eingehen müssen.

Und so eine Fernsehberühmtheit, na ja, ganz schön, aber sie hätte natürlich auch Schattenseiten gehabt. Und was, wenn die Sendung beim Publikum nicht angekommen und abgesetzt worden wäre (was sie inzwischen auch ist)? Dann hätte ich vor dem Nichts gestanden, keine Kunden mehr, keine Aufträge. Himmel, was für ein Glück!

Jetzt denken Sie vielleicht, na, die kann sich ja auch die größte Niederlage noch schönreden. Ja, das kann ich, und dafür bin ich sehr dankbar. Ich kann akzeptieren, dass diese Sendung nicht für mich bestimmt war, dass ich einen anderen Weg gehen soll. Ich bin überzeugt davon, wenn es wirklich mein Ding gewesen wäre, hätte ich es bekommen. Dankbar-sein-Können ist ein gutes Gefühl.

Und jetzt verwirre ich Sie hoffentlich nicht: Ich wäre auch dankbar gewesen, wenn ich die Sendung bekommen hätte. Ehrlich. Ich fand die Idee sehr sexy, eine »Fernsehnase« zu sein. Ich hätte mich ausprobieren können, hätte viele neue Erfahrungen gemacht. Vielleicht wäre ich erfolgreich geworden? Vielleicht hätte ich mich geärgert, wäre gescheitert? Wer weiß. Aber ja, ich hätte die Chance angenommen, wenn sie sich mir gestellt hätte. Ich wäre mit vollem Risiko eingestiegen.

Ich erzähle Ihnen meine Erfahrungen, um deutlich zu machen, welchen Zusammenhang ich zwischen Dankbarkeit und Gelassenheit sehe. Kein Mensch erwartet, dass wir im Moment einer Niederlage jubeln: »Juchhu, danke, dass ich einen auf die Nase bekommen habe.« Niemand erwartet, dass wir eine Krankheit fröhlich begrüßen »Danke für die Nierensteine.« Und doch strahlen solche Menschen eine Gelassenheit aus, die auch Niederlagen, auch Krankheiten annehmen können und nicht hadern: »Warum gerade ich?« (Die Gegenfrage wäre doch: »Warum gerade jemand anderer?«) Auch die Frage: »Warum gibt es Ungerechtigkeit, Schmerz und Elend auf der Welt« bringt einen nicht sehr viel weiter. Dankbarkeit klingt sehr emotional, sehr soft. Aber ich denke, sie ist gerade das Gegenteil, sie ist sehr rational, sehr stark. Sie hilft uns, Dinge anzunehmen, die wir nicht ändern können, und nachträglich einen Sinn darin zu erkennen. Das zeichnet übrigens Optimisten aus, wie ich einem Artikel in der Zeitschrift *Psychologie heute* entnehmen konnte.

Ich habe mit dem schwierigsten Teil der Dankbarkeit angefangen, und ich verstehe sehr gut, wenn manche sich damit noch schwertun. Sie kennen aber vielleicht den Spruch: »Wir lernen nicht aus Erfolgen, wir lernen nur aus Misserfolgen.« Und noch etwas zu dieser anspruchsvollen Dankbarkeit: Sie verhindert, dass ich alles Gute, das mir widerfährt, als Selbstverständlichkeit annehme. Etwas, auf das ich schließlich auch Anspruch habe. Wir haben genug Wasser, genug zu essen, Frieden in unserem Land. Stimmt, zumindest weitgehend. Sagen Sie das mal einem Bauern aus der Sahelzone, in der es wieder einmal zu wenig und zum falschen Zeitpunkt geregnet hat. Was wollen Sie ihm sagen? Pech gehabt, selber schuld? Nein, wir können unendlich dankbar sein, in einem so fruchtbaren, von Umweltkatastrophen weitgehend verschonten Land zu leben. Es ist ein Geschenk, ich persönlich habe überhaupt nichts dafür getan. Ich darf es genießen. Ja, und dankbar sein dafür darf ich auch.

Ich habe einen tollen Job, ein prima Einkommen, mir geht's gut. Sagen Sie das mal einem ebenso qualifizierten, gerade durch Insolvenz seiner Firma um Job und Einkommen gebrachten Menschen. Na klar können Sie stolz sein auf Ihre Fähigkeiten, Ihre Leistungen. Aber denken Sie daran: Stolz ohne Dankbarkeit ist pure Arroganz! Wir können dankbar sein, wenn unsere Firma uns nicht ihrer Aktienrendite opfert oder gleich ganz pleitegeht. Wir können dankbar sein, dass wir Kunden finden, die das kaufen wollen, an dessen Herstellung wir beteiligt sind. Nichts ist selbstverständlich.

Das Symbol für Dankbarkeit: die Schale
Wenn ich offen bin, kann ich etwas dankbar annehmen.

Übungen
Konzentrieren Sie sich in den nächsten vier Wochen auf folgende Fragen:
1. Woche: Was habe ich aus guten Erfahrungen gelernt?
2. Woche: Was habe ich aus schlechten Erfahrungen gelernt?
3. Woche: Wem bin ich dankbar wofür?
4. Woche: Bei wem muss ich mich noch bedanken?

Schreiben Sie Ihre Beobachtungen in Ihr Gelassenheits-Tagebuch.

Morgenmeditation
Was bedeutet heute Dankbarkeit für mich?

Abendbilanz
Wofür kann ich heute dankbar sein?

Wunsch
Ich achte darauf, was ich von anderen bekomme.

VIERTER SCHLÜSSEL

Ehrlichkeit

Werde der, der du bist

Was Ehrlichkeit mit Gelassenheit zu tun hat? Erinnern Sie sich bitte einmal an die fadenscheinigste Ausrede, die Sie sich jemals haben einfallen lassen. Na, wie lange liegt das zurück? Und erinnern Sie sich auch an die Angst, als Lügner/in überführt zu werden? Fühlen Sie noch einmal diese innere Unruhe, diese Nervosität, dieses mulmige Gefühl? Das Gegenteil von Gelassenheit.

Ehrlichkeit

In der sechsten Klasse habe ich mal die Schule geschwänzt. Mit einer Freundin bin ich in der kleinen Stadt Rinteln über die Weserstraße spaziert. Es regnete und wir wussten gar nicht recht, was wir tun sollten. Und wer kam uns natürlich entgegen? Unsere Englischlehrerin. Ich wäre am liebsten im Boden versunken. Wir stammelten etwas von Freistunde, und die Lehrerin war nett genug, uns das zu glauben. Aber dieses Gefühl des Erwischtwerdens, der Scham und Reue werde ich nie vergessen.

Doch es geht bei diesem Schlüssel zur Gelassenheit nicht um die Moral von Lügen oder Notlügen. Ich möchte ganz generell die Augen für den Wert von Ehrlichkeit öffnen. Und zwar als Erstes mir selbst und erst dann anderen gegenüber.

Ehrlichkeit hat für mich sehr viel mit Achtsamkeit zu tun. Denn Ehrlichkeit bedarf der genauen Wahrnehmung. Wie heißt es im Volksmund, wenn man sich selbst betrügt? »Sich in die eigene Tasche lügen.« Sich selbst etwas vorzumachen bedeutet immer wegschauen, weghören, nicht wahrnehmen. In Bezug auf Gelassenheit: Gelassenheit heißt eben nicht, sich die Welt schön zu denken, Probleme zu ignorieren, sich störenden Gedanken oder Wahrnehmungen zu verschließen. Gelassenheit erringe ich nur mit offenen Augen.

»Die Schuhe binden im Angesicht des Chaos«, nennt der Psychologe Bernd Hohmann die Fähigkeit, auch im Wissen um die Fehlerhaftigkeit und Unvollkommenheit von mir selbst und der Welt meine Lebensfreude zu behalten. »Ziel ist es, mich selbst in meinen Schwächen liebenswert zu finden.«

Was für eine Erleichterung: Ich muss nicht mehr den starken Maxe spielen oder die Heilige, den coolen Fuzzi oder die Supermama. Ich muss nicht mehr perfekt sein.

- Ich darf mich morgens im Spiegel anschauen und erkennen, dass die Haut welk wird, die Ringe um die Hüften zunehmen – und ich darf mich trotzdem mögen.
- Ich darf zugeben, dass ich nicht der berufliche Überflieger bin oder die Frau, die alles kann – und ich darf mich trotzdem mögen.
- Ich darf erkennen, dass ich einer Freundin, einem Freund in der Not nicht geholfen habe, weil ich in meiner eigenen Situation verstrickt war – und ich darf mich trotzdem mögen.
- Ich darf erkennen, dass ich bei der Erziehung meiner Kinder Fehler gemacht habe, dass ich nicht immer nett zu allen Menschen bin – und ich darf mich trotzdem mögen.
- Ich darf erkennen, dass ich gerne einfache, nette Filme anschaue und mich für Superstars interessiere – und ich darf mich trotzdem mögen.
- Ich darf erkennen, dass ich manchmal ein Feigling bin und die Klappe halte, auch wenn ich ungerecht behandelt werde – und ich darf mich trotzdem mögen.
- Ich darf erkennen, dass ich eine mittelmäßige Ehe führe und Jogginghosen liebe – und ich darf mich trotzdem mögen.
- Ich darf erkennen, dass mich moderne Kunst null interessiert und ich nicht »intellektuell« genug bin – und ich darf mich trotzdem mögen.

- Ich darf erkennen, dass ich oft emotional reagiere und Sachen sage, die mich hinterher reuen – und ich darf mich trotzdem mögen.
- Ich darf erkennen, dass mich viele Leute einfach langweilen und ich mich schäme, mich ihnen überlegen zu fühlen – und ich darf mich trotzdem mögen.
- Ich darf erkennen, dass ich die Erwartungen meiner Eltern, meiner Lehrer, meines Partners, meiner Partnerin enttäuscht habe – und ich darf mich trotzdem mögen.

Ich brauche das mühsam aufgebaute Kartenhaus des zauberhaften Menschen, der ich bin, nicht länger mit Zähnen und Klauen zu beschützen. Ja, ich habe Fehler, ja, ich bin von meinem eigenen Ideal weit entfernt. Aber ich mag mich trotzdem – oder eben deswegen.

Können Sie sich vorstellen, welch ungeheure Erleichterung dieser Mut zur Ehrlichkeit mit sich bringt? Mir steigen Tränen in die Augen, wenn ich daran denke, was für ein großes Glücksgefühl es ausgelöst hat, als ich mir selbst die Erlaubnis gegeben habe, mich zu mögen. Die Sabine, die ich bin. Nicht nur die, die ich gerne wäre. Und glauben Sie mir, dieser Prozess ist längst noch nicht abgeschlossen, bei weitem nicht.

Ehrlichkeit bedeutet: Ich darf mir endlich die Schwächen vergeben, die ich jahrzehntelang bekämpft habe. Darf mir zugestehen, gegen alle Regeln verstoßen zu haben, die ich mir selbst aufgestellt habe. Ich darf mir all die Fehler verzeihen, die ich selbst als schlimmste Kritikerin am härtesten geahndet habe. Ich darf endlich liebevoll mit mir umgehen. Ich muss keine Rolle mehr spielen, ich muss mich nicht selbst verachten oder mich auf ein Podest stellen, ich darf ich selbst sein.

Das meine ich mit Ehrlichkeit und Wahrhaftigkeit. Es ist ein liebevolles Zugehen auf sich selbst. Eine Last bröckelt von uns ab, wenn wir den Mut zu dieser Aufrichtigkeit besitzen. Eine tönerne Maske, die uns fast erstickt hat, fällt in Scherben. Und dahinter leuchtet unser wahres Angesicht, mit all seinen Makeln und seinen Macken. Das sind wir. Unvollkommene Menschen in einer unvollkommenen Welt.

Ehrlich zu sein gibt uns die Chance, uns zu verzeihen. Ja, wir haben die Sache mit unserem ersten Freund richtig verpatzt. Ja, es fällt uns schwer, uns vom Beifall anderer Menschen unabhängig zu machen. Ja, wir ertränken Selbstzweifel, Unzufriedenheit und Unruhe in Ablenkungsmanövern wie Essen, Trinken, Spielen oder im Kaufrausch. Ja, so sind Menschen. Und auch wir sind einfach nur ein ganz normaler Mensch.

»Nichts geht verloren, es ändert sich nur!«, so lautet der erste Hauptsatz der Thermodynamik. Diese Aussage trifft auch auf unsere menschlichen Beziehungen zu.

Ehrlichkeit heißt zu sehen, dass wir nicht anders sind als die anderen, wir uns nicht über sie erheben, aber uns auch nicht schlechter machen müssen als sie. Wir alle kennen das Gefühl des Versagens, des Überdrusses, des Verzweifelns am Unvermögen, dem Ideal zu entsprechen, von dem wir träumen. Ehrlichkeit heißt annehmen zu können, dass wir eine/r von vielen sind. Und dies ist auch gleichzeitig die Erlösung. Wir sind nicht allein. Ehrlichkeit führt uns näher zu unserem eigenen Wesen und näher zu den anderen Menschen.

Die Angst vor der Wahrheit über unser eigenes Sein treibt Keile zwischen uns und die anderen. Wir sehen die Fehler der anderen, die unsere eigenen sind, und verachten die anderen dafür. Wir brauchen die Schwächen der anderen, um uns selbst besser zu fühlen. Wie heißt es? Das, was wir im anderen am heftigsten ablehnen, ist das, was wir an uns selbst am meisten hassen.

Ich möchte dies an einem kleinen Beispiel erläutern, das mir mal eine Freundin erzählt hat, die beruflich viel unterwegs ist: »An meinem Mann nervte mich am meisten, wenn er am Abend wahllos im Fernsehen herumzappte. Es machte mich wahnsinnig, alle 15 Sekunden klick. Ich verachtete ihn dafür und ließ ihn das heftig spüren. War ich jedoch mal allein zu Haus oder saß in einem Hotelzimmer und wusste nichts mit mir anzufangen, was tat ich – statt ein gutes Buch zu lesen oder zu meditieren? Ich saß vor dem Fernseher, endlich die Macht über die Fernbedienung in meinen Händen, und zappte herum. Niemals hätte ich ihm gegenüber das zugegeben.«

Sich selbst besser zu fühlen als andere ist ein kurzer Triumph. Ich habe dazu einen Vergleich: »Die Sonne strahlt einzigartig schön, aber sie ist weit weg von den Menschen.« Auf andere hinabzuschauen, ist ein kurzfristiger Ausweg aus dem eigenen Selbstzweifel. Wenn wir ehrlich zu uns sind, uns von dem hohen Podest verabschieden, kommen wir den anderen näher.

Schreiben Sie doch einmal in Ihr Gelassenheits-Tagebuch ganz ehrlich auf, wem Sie sich überlegen fühlen, wen Sie vielleicht verachten. Überlegen Sie, warum Sie dieses Gefühl der Überlegenheit brauchen. Denken Sie daran, außer Ihnen wird das niemand lesen. Sie können wirklich ehrlich sein. Aber tappen Sie nicht in die Falle, sich dafür zu schämen. Denken Sie daran, dieses Verhalten ist absolut menschlich. Sie werden merken, sobald Sie Ihre Gedanken aufgeschrieben haben, spüren Sie schon eine ungeheure Erleichterung.

Jetzt ist es raus: Sie sind ein ganz normaler Mensch, mit den ganz normalen Zweifeln, Ängsten und den verzweifelten Versuchen, sich darüber zu erheben. »Werde immer mehr du selbst,« sagt der Zen-Weise Eshin, »dann verliebt sich die ganze Welt in dich.«

Denn es gibt einen zweiten Aspekt der Ehrlichkeit sich selbst gegenüber, nämlich das Erkennen der eigenen Stärken. Wir sind nicht besser, aber eben auch nicht schlechter als andere Menschen. Wir sind genauso einzigartig wie jeder Mensch auf dieser Welt. In einem eindrucksvollen Gedicht, betitelt »Unsere stärkste Angst«, hat sich Nelson Mandela, der südafrikanische Freiheitsheld und ehemalige Präsident, ein wirklicher Mensch mit Charisma, damit befasst. Er sagt darin unter anderem: »Dein Kleinmachen dient nicht der Welt. Es zeugt nicht von Erleuchtung, sich zurückzunehmen, nur damit sich andere Menschen um dich herum nicht verunsichert fühlen.«

Ehrlichkeit heißt also auch, sich selbst in seiner »Einzigartigkeit« zu sehen, seine Talente und Fähigkeiten zu erkennen und zu ihnen zu stehen. Stolz auf sich selbst zu

Ehrlichkeit

sein, ist eine Voraussetzung dafür, seine Ziele zu erreichen. Das hat nichts mit Arroganz zu tun. Denn diese beruht nur darauf, andere herabzuwürdigen. Das Wissen um die eigene Stärke macht stolz im besten Sinne und gelassen. Schreiben Sie doch einmal alles auf, was Sie gut können, ohne Übertreibung, aber auch ohne sich klein zu machen, einfach Fakten. Tragen Sie die Liste bei sich, und immer, wenn Sie gerade spüren, hey, das ist mein Ding, ergänzen Sie die Liste der Fähigkeiten.

So entgehen Sie der Falle, die LaRoche Foucault so formulierte: »Bescheidenheit ist die schlimmste Form der Eitelkeit!«

Wir nähern uns der Gelassenheit, wenn wir die ehrliche und liebevolle Umgangsweise mit uns selbst auch auf unser Handeln übertragen. Das beginnt mit der ehrlichen Einschätzung der Welt, so wie sie ist. Ich habe einmal eine bittere Lektion lernen müssen, die mir aber sehr geholfen hat: Ich arbeitete vor vielen Jahren bei einer Zeitschrift, wirklich mit Herzblut. Die Themen waren mir wichtig und auch die Leser und Leserinnen, ja, ich hatte sogar einen missionarischen Eifer.

Dann wurde ich von einem Vorgesetzten bitter enttäuscht (das heißt, ich hatte mich ge-täuscht und wurde ent-täuscht). Da sagte mir ein Kollege folgenden Satz: »Du musst akzeptieren, dass du hier arbeiten darfst, weil du mit deiner Arbeit dem Verlag mehr einbringst als du ihn kostest. Das ist der einzige Grund.« Ich war in diesem Moment total geschockt, desillusioniert, verzweifelt. Bis ich begriff, der Kollege hatte Recht. So läuft das Wirtschaftsleben.

In den folgenden Jahren bin ich pragmatischer geworden, illusionsloser, ehrlicher. Das war nicht nur schön, weil mancher rosa Schleier verschwand. Ich sehe viele Dinge heute sehr nüchtern, was die Hoffnung in die Zukunft nicht immer fördert. Aber ich werde heute beruflich auch seltener ent-täuscht. Ich sehe Dinge klarer und erkenne Zusammenhänge. Ich weiß, dass Unternehmen ihren Vorteil suchen, die Regeln nach ihrem Gutdünken aufstellen. Manchmal bin ich traurig über das Verschwinden der Illusion. Doch ich weiß, der klare Blick ist mir lieber. Obwohl ich mich manchmal dadurch auch einsam fühle. Sie sehen, Ehrlichkeit ist ambivalent.

Die Frage ist, wie diese Erkenntnis über die Unvollkommenheit der Welt auf uns wirkt. Verzweifeln wir darüber oder verleugnen wir sie? Hadern wir mit dem Schicksal oder nehmen wir Unsicherheit als die Grundlage des Lebens hin? Fühlen wir uns gedemütigt oder von irgendeiner Kraft gestraft, wenn uns etwas Schlimmes geschieht, oder erkennen wir an, dass solche Dinge in der Welt sind wie Schmerz, Krankheit oder Tod?

Ein klarer Blick hilft uns, Schönheit zu erkennen. Mir fällt ein Vergleich ein, während ich auf eine strahlend gelbe Rose schaue, die direkt neben meinem Computer steht. Ich bekam vor einiger Zeit von einem lieben Freund einen großen Rosenstrauß. Der Strauß war herrlich anzusehen, wirklich eindrucksvoll. Er schmückte mein Wohnzimmer, verbreitete einen sanften Duft. Nach und nach verblühten die Rosen. Ich schnitt die wenigen frischen heraus und stellte sie einzeln in kleinen Flaschen auf: eine dunkelrote auf den Küchentisch, eine apricotfarbene neben mein Bett und eine gelbe, die schönste, auf meinen Schreibtisch.

Der Anblick dieser einzelnen Rose entzückt mich jedes Mal aufs Neue. Wie zart die Blätter geschwungen sind, welche Wärme dieses unglaubliche Gelb ausstrahlt, wie kunstvoll die einzelnen Blütenblätter angeordnet sind und sich aus der noch geschlossenen Mitte immer weiter entfalten. Ich sehe auch, dass die Ränder der äußersten Blätter beginnen, sich bräunlich zu verfärben. Vergänglichkeit. So schön der große Strauß auch war, die wahre Schönheit entdecke ich in der einzelnen Blüte. Und ich bin meinem Freund dankbar, dass er mir dieses Erlebnis geschenkt hat.

Kennen Sie das: Manchmal sind wir traurig, die Vergänglichkeit nicht aufhalten zu können und stellen uns Stoffblumen im perfekten Stadium einer Blüte in die Vase. Aber es ist nicht dasselbe. Unser Blick erlahmt an der ewigen Schönheit, bald sehen wir die Blume gar nicht mehr, sie verstaubt vor unseren Augen. Alles Schöne ist vergänglich. Eigentlich eine Binsenwahrheit, die aber immer wieder weh tut. Wenn ich sie trotzdem akzeptieren kann, nähere ich mich der Gelassenheit.

Meine Erfahrung ist, dass Ehrlichkeit Schmerz sichtbar macht, aber ihn auch lindert. Und ich habe gesehen, dass Klarheit die Intensität von Leben steigert. Einmal hörte ich den wunderbaren Satz »Klarheit schafft Harmonie«, heute weiß ich, er stimmt. Nicht das Unter-den-Teppich-Kehren schafft Zufriedenheit, sondern das liebevolle Korrigieren. Wir alle kennen das, wenn wir jemanden enttäuschen müssen, weil wir ein Versprechen nicht einhalten können oder etwas vergessen haben. Sich aus Scham dann gar nicht mehr zu melden, zerstört die Freundschaft. Den eigenen Fehler zuzugeben und zu akzeptieren, dass der andere erst einmal sauer auf uns ist, verkürzt die »Leidenszeit« und kann die Basis für die Zukunft sein. Mit der Kopf-in-den-Sand-Politik verärgern wir auch Menschen in anderen Zusammenhängen: Wenn wir uns bei der Bank nicht melden, obwohl unser Konto böse überzogen ist. Wenn wir im Job einen Fehler gemacht haben und uns nicht dazu bekennen. Abtauchen macht unglücklich. Sich bekennen ist zwar schmerzlich, aber der einzige Weg zur Lösung.

Wenn ich akzeptiere, dass Schmerz zu meinem Leben gehört, dann genieße ich Zeiten ohne ihn umso mehr. Wenn ich akzeptiere, dass es Leben ohne Tod gar nicht gäbe, dann genieße ich jeden Tag, den ich erlebe. In meinen Augen wird viel zu viel über das Leben nach dem Tod räsoniert. Wie wäre es, wenn wir uns mehr mit dem Leben vor dem Tod beschäftigen würden? Mit dem Heute?

Nüchterne Ehrlichkeit hilft uns, unsere Umgebung wahrzunehmen, wie sie ist. Sie hilft, dass wir uns den Menschen um uns herum zuwenden können und sie mit demselben liebevollen Blick betrachten wie uns selbst. Wenn wir uns nicht täuschen lassen, werden wir nicht enttäuscht. Wenn wir um ihre Schwächen wissen, können wir sie einkalkulieren. Wenn wir unseren Schmerz kennen, dann können wir Kontakt mit ihrem aufnehmen.

Ich möchte nicht darüber lamentieren, dass die Welt voller Lügen ist, dass die Sitten verrohen, Tugenden nichts mehr gelten (und damit habe ich es schon getan). Ich sehe aber, dass ich bei mir selbst anfangen muss, wenn ich überhaupt etwas in meinem Leben ändern möchte. »Die« Gesellschaft verändert sich nicht, nur weil ich mir das wünsche. Die Gesellschaft bin ich, in ihrer kleinsten Einheit. Ehrlichkeit kann die Grundlage meines Lebens in dieser Gesellschaft sein. Das beginnt damit, keine Spielchen mit Menschen zu spielen, sie nicht für meine Bedürfnisse zu »benützen«. Das setzt sich fort, indem ich versuche, liebevoll ehrlich zu ihnen zu sein. Das ist etwas anderes als »brutal ehrlich«.

Ehrlich währt am längsten, sagt der Volksmund. Und doch gehören Notlügen zum Alltag. »Wie geht's?«, fragt uns jemand. »Gut«, sagen wir, obwohl wir gerade mit der Steuer kämpfen oder mit schlechter Verdauung. Und das ist auch ganz okay. Ich möchte eben nicht mit jedem meine Sorgen besprechen.

Würde es meiner Freundin nützen, wenn ich ihr auf ihrer Geburtstagparty sagen würde: »Du schaust aber schlecht aus! Was ist denn nur mit dir los? Oder liegt es nur an der Farbe deines Kleides, das du heute anhast, die dich so alt ausschauen lässt?« Nein, wer bin ich, ihr die Stimmung zu vermiesen?

Ich gebe ja zu, ein Moralist zu sein (und stelle auch an andere hohe Ansprüche). Deshalb habe ich mir persönlich eine Grenze für Notlügen gesetzt. Sie dürfen niemandem schaden. Nur damit ich irgendwo ungeschoren aus einer Sache herauskomme, die ich verbockt habe, gelten Lügen heute für mich nicht.

Das war nicht immer so. Ich habe mich oft in meinem Leben mit Lügen »durchgemogelt«. Habe aber in harten

Lektionen gelernt, dass ich nicht nur anderen, sondern auch mir damit schade. Daher genieße ich am Älterwerden, dass ich eine Chance bekomme zu lernen und mich zu verändern. Eben auch, was Lügen und Ehrlichkeit betrifft.

Mittlerweile weiß ich, dass Ehrlichkeit siegt. Durch Ehrlichkeit habe ich mir die Liebe von Menschen erhalten, habe die Achtung vor mir selbst gewonnen, habe Fehler wiedergutmachen können, die ich gemacht hatte. Und ich habe durch meine Ehrlichkeit auch beruflichen Erfolg errungen, über den ich mich freuen kann. Seit ich ehrlich sage und schreibe, was ich denke, hören mir Menschen zu, vertrauen sich mir im Coaching oder Seminar an und kommen in Vorträge, um mich zu hören.

Das Ganze hat auch einen umgekehrten Effekt: Seit ich das sage, was ich denke und wovon ich überzeugt bin, weiß ich, dass ich mir selbst vertrauen kann. Seither habe ich keinen Stress mehr bei meinen Auftritten. Denn ich weiß, ich sage das, was ich sagen muss. Viele finden meine Ausführungen richtig, manche falsch, meistens bin ich gut, manchmal richtig berauschend. Und es ist immer ehrlich. Es ist meins.

Ehrlichkeit macht gelassen, weil die Angst wegfällt, dass Ausreden auffliegen, dass Machenschaften durchschaut werden, dass Lügengebilde zusammenkrachen. Ein gutes Gewissen ist in der Tat ein gutes Ruhekissen. Aber langweilig wird es trotzdem nie: Ehrlichkeit erleichtert nicht immer den Umgang mit anderen Menschen. Nicht jeder möchte mit Tatsachen ehrlich konfrontiert werden. Nicht jeder schätzt es, wenn wir ihm die vermeintlich sichere

Decke wegziehen, auf der er sich ausgeruht hat. Deshalb dürfen wir nie vergessen, die Liebe mit der Ehrlichkeit zu paaren.

Das Symbol für Ehrlichkeit: das Auge

Jemandem in die Augen schauen können, gilt als Zeichen der Ehrlichkeit. Das gilt auch für den Blick nach innen.

Übungen

Konzentrieren Sie sich in den nächsten vier Wochen auf folgende Fragen:
1. Woche: Was bedeutet Ehrlichkeit für mein Selbstbild?
2. Woche: Was bedeutet Ehrlichkeit für mein Handeln?
3. Woche: Womit lasse ich mich noch gerne täuschen?
4. Woche: Mit wem möchte ich ehrlich über etwas Wichtiges sprechen?

Schreiben Sie Ihre Beobachtungen in Ihr Gelassenheits-Tagebuch.

Morgenmeditation
Was bedeutet heute Ehrlichkeit für mich?

Abendbilanz
Wann war ich heute ehrlich?

Wunsch
Ich achte darauf, mir selbst und anderen gegenüber ehrlich zu sein.

FÜNFTER SCHLÜSSEL

Einfachheit

Umarme das Leben

Vor einiger Zeit hatte ich in Thüringen einen Termin. Der Fahrer des Unternehmens, bei dem ich ein Seminar abhielt, holte mich vom Flughafen ab. Wir kamen sehr schnell ins Gespräch. Der Mann, ich schätze ihn auf Ende

30, war vorher Elektriker von Beruf. Vor einem Jahr hat er sich mit seiner Lebensgefährtin eine kleine Doppelhaushälfte gebaut, mit viel Eigenarbeit und ihrem gemeinsam Ersparten, erzählte er. Und dann sagte er einen eindrucksvollen Satz: »Wir haben uns entschieden, zufrieden damit zu sein.«

Ich war noch ganz gefangen von diesem Satz, als er ihn ausführte, ganz ruhig, ganz fröhlich: »Natürlich sehen wir jetzt, was wir beim nächsten Mal anders machen würden. Immer wieder sagen Bekannte: ›Also, wenn ich bauen würde, dann müsste es ein Haus mit Erker sein und großem Garten und Fußbodenheizung ...‹ Aber ich lasse mich von solchen Sprüchen nicht durcheinanderbringen. Sollen die doch erst mal selbst ihr Traumhaus bauen. Wir sind zufrieden, dass wir unsere Pläne verwirklicht haben. Wir haben lange darauf gespart, wir haben viel selbst gemacht, Freunde und Geschwister haben uns geholfen. Und wir sind glücklich mit dem, was wir haben.«

Ein einfacher Mann und doch ein Philosoph. Ein einfaches Haus und doch das große Glück. Offensichtlich eine einfache Sache, so eine Einstellung – oder vielleicht doch nicht? Das Einfache wird oft nicht geschätzt, das Komplizierte gilt als gescheit. Wer sich einfach ausdrückt, gilt nicht als gelehrt. Wer möglichst viele Fremdwörter benutzt, gilt als intelligent. Was uns leichtfällt, schätzen wir als nichts Besonderes ein. Was uns schwerfällt, ja das ist ganz wichtig. Dabei ist diese Einstellung schlicht falsch. »Immer, wenn du sagst, das ist doch ganz einfach, bist du deinem Genie am nächsten«, schreibt die amerikanische Lebensberaterin Martha Beck.

Einfachheit

Wie oft machen wir uns selbst das Leben schwer, schrauben unsere Erwartungen ins Unermessliche, können mit den einfachen Freuden des Lebens so wenig anfangen. Und weil wir die Dinge oft komplizieren, unterlassen wir auch die kleinen Schritte zu Freude und Zufriedenheit:

◆ Statt Freunde einfach zu Pellkartoffeln und Quark oder einer großen Schüssel Nudeln einzuladen, muss es unbedingt ein fünfgängiges Witzigmann-Menü werden. Da aber fünfgängige Menüs bekannterweise einen ziemlichen Aufwand bedeuten, scheuen wir sie verständlicherweise. Und überlegen immer wieder: Eigentlich sollten wir mal wieder unsere Freunde einladen. Aber unter der Woche geht's nicht, da bin ich viel zu kaputt. Und am Wochenende, ach eigentlich ist mir meine freie Zeit zu kostbar, um stundenlang in der Küche zu stehen ... Die Folge: Man verschiebt die Einladung auf später, wenn man mal Zeit und Muße hat. Aber jedes Mal, wenn man sich sieht, versichert man sich gegenseitig: »Wir müssen uns aber auch dringend mal wieder treffen. Ich ruf dich an ...«

◆ Statt einfach unsere Kinder zu schnappen und schwimmen zu gehen, werden Wagenladungen von Gummitieren, Matten, drei Badeanzüge zum Wechseln und Fresskörbe zusammengesucht, und erst dann geht es, schon völlig gestresst, viel zu spät ins Bad.

◆ Ich kannte einmal ein Paar, das traute sich ein Jahr lang, niemanden zu sich nach Hause einzuladen, weil das Treppenhaus ihres Wohnhauses »schlimm aussah«, so dass es sich schämte: »Also, das muss erst renoviert werden, denn das kann man ja niemandem zumuten.« Perfektionswahn kann ganz schön einsam machen.

- Man weiß von Menschen, die arbeitslos geworden sind und sich finanziell sehr einschränken müssen, dass sie viele soziale Kontakte kappen, zum Beispiel Freunde nicht mehr einladen. Aber: Was kostet eine Kanne Tee? Warum muss denn immer groß aufgefahren werden? Wer erwartet das?
- Kennen Sie auch die Supermütter, die sich bei Kindergeburtstagen verschleißen? Mit Mottoparty, Clown, Zauberer und Geschenken für alle? Zehn verschiedene Kuchen und viel zu viele kleine Gäste? »Die Kinder werden immer anspruchsvoller«, heißt es. Quatsch. Kinder wollen spielen. Und zwar nicht mit 20 anderen, aufwändig kostümiert. Es ist der Ehrgeiz der Eltern zu zeigen, dass man sich das »leisten« kann. Und Jessikas Mutter hat auch neulich ...

Schluss mit dem Wahnsinn! Freundschaft, Gemeinschaft, Geselligkeit sind die Quellen von Lebensfreude und Lebenskraft. Hören wir auf, uns selbst von diesen Quellen abzuschneiden. Und jammern wir nicht länger, dass die anderen doch damit angefangen haben. Ändern wir die Gewohnheiten, machen wir uns das Leben einfacher!

Ich habe übrigens das mit den Pellkartoffeln und dem Quark neulich ausprobiert. Meine Freunde haben gefuttert, als wenn sie seit Wochen nichts mehr zu essen bekommen hätten. Und dann all die »Ah's« und »Oh's« und »Mei, schmeckt das gut ...«

Ich selbst habe immer öfter den Wunsch nach Einfachem. Ich bin sehr viel in Hotels unterwegs, und angesichts des zehnten Super-Buffets oder des fünften Galaabends habe ich oft nur noch eine Bitte: »Könnte ich wohl ein Tomatenbrot bekommen? Oder ein Butterbrot mit Schnittlauch?« Der Inbegriff des Genusses.

Eine kleine Übung: Überlegen Sie doch einmal, wen Sie lange schon mal einladen oder treffen wollten? Und woran ist es gescheitert? Wäre es möglich, es bald und spontan nachzuholen? Was könnte Sie daran hindern? Sind es ernsthafte Hindernisse? Oder sind die mit etwas Mut zur Einfachheit auszuräumen? Stellen Sie sich vor, wie es sein wird, mit den Menschen zusammen zu sein, die Sie mögen; Spaß zu haben, gute Gespräche zu führen …

Erinnern Sie sich an die alte Form der »Bottle Partys«? Prinzip: Jeder bringt etwas zu essen oder trinken mit. Okay, es widerspricht vielleicht unserem ästhetischen Anspruch, wenn der schlesische Kartoffelsalat nicht mit den original italienischen Antipasti harmoniert. Und wir den Wein nicht rechtzeitig dekantieren können. Mama mia! Man kann auch in Schönheit sterben.

Einfachheit heißt auch zu erkennen, was wirklich wichtig ist im Leben. Sie entscheiden: der Mensch oder die Mousse au Chocolat? Einsam oder gemeinsam? Kult oder Kommunikation? In Letzterem ist übrigens das Wort »Komm« enthalten. Und dies ist die Einladung schlechthin.

Wann haben wir zuletzt gesagt: »Kommt uns doch mal wieder übers Wochenende besuchen, wir legen zwei Matratzen hin.« – »Lasst uns spazieren gehen, es ist so ein herrlicher Frühlingstag.« – »Kommt vorbei, wir machen eine Maibowle.« – »Habt ihr Lust, wir schmeißen Brot und Käse zusammen und machen ein Picknick im kleinen Park um die Ecke?« Sie lädt auch niemand ein? Das ist kein Grund. Machen Sie den Anfang. Halten Sie das Leben nicht kritisch eine Armlänge von sich weg – umarmen Sie es.

> Wenn ihr gehen müsst, geht.
> Wenn ihr sitzen müsst, sitzt.
> Seid einfach euer
> gewöhnliches Selbst
> im gewöhnlichen Leben.
>
> ZEN-WEISHEIT

Einfachheit hilft uns aber auch in anderen Bereichen des Lebens. Um uns von Einengendem zu trennen: Zu viel gesammelt, zu viel drapiert, kennen Sie das? Wenn Ihre Wohnung zum Museum wird? 94 Elefanten, fünf Dutzend Osterhasen und all die niedlichen kleinen Fingerhüte. Erinnern Sie sich: Das Sammeln hat Spaß gemacht. Das Besitzen auch? Oder wenn Sie von der Ästhetik Ihres Badezimmers terrorisiert werden? »O Gott, diese Cremedose passt in der Farbe überhaupt nicht zur Bademate.« Machen Sie sich frei, schaffen Sie Raum zum Leben und Luft zum Atmen. Und das geht ganz einfach: Schmeißen Sie Sachen raus, verschenken Sie angesammeltes Zeug oder verkaufen Sie es auf dem Flohmarkt. Die neue Einfachheit liegt im Trend.

Einfachheit hilft aber auch, etwas Neues auszuprobieren. »Mach doch einfach!«, hören wir oft. Ach, wenn es so einfach wäre. Blöderweise ist es das auch oft.

- Wann weiß ich, ob ich etwas kann? Wenn ich es ausprobiert habe.
- Wann weiß ich, ob mir mein Chef das genehmigt? Wenn ich ihn gefragt habe.
- Wann weiß ich, ob ich auf etwas verzichten kann? Wenn ich es getan habe.
- Wann weiß ich, wie mein Partner reagiert? Wenn ich es ihm gesagt habe.
- Wann weiß ich, ob meine Schwägerin am Wochenende die Kinder nimmt? Wenn ich sie drum gebeten habe.
- Wann weiß ich, ob meine Freundin/mein Freund mich heiraten würde? Wenn ich ihr/ihm einen Antrag gemacht habe.
- Wann weiß ich, ob mir Grün steht? Wenn ich's angezogen habe.

Nach Vorträgen wird mir oft gesagt, »Frau Asgodom, bei Ihnen klingt das immer so einfach, tu dies, tu jenes.« Und ich versuche zu erklären: »Es ist einfach.« Natürlich ist ein Risiko damit verbunden. Keiner kann mir sagen, ob ich es wirklich schaffe, ob es wirklich klappt, ob der Chef wirklich Ja sagt. Ich weiß es erst, wenn ich es ausprobiert habe. Aber das Tun ist einfach. Das ständige darüber Grübeln ist schwer. Die Dutzende von »Aber«, die wir mit uns herumschleppen, die wiegen wie Blei auf unseren Schultern und nehmen uns die Kraft zum Atmen. »Ein wahrhaft großer Mensch verliert nie die Einfachheit eines

Kindes«, hat der chinesische Philosoph Konfuzius geschrieben.

Lösungen für Probleme zu finden ist also einfach, behaupte ich, wenn ich es mir einfach mache. Ich brauche mir nur die verschiedenen Alternativen anzuschauen. Was könnte ich alles tun? Was wäre möglich? Und was ist der Einsatz? Allein dadurch, dass ich die Möglichkeiten aufschreibe, klären sich manchmal schon undurchdringlich scheinende Nebel. Voraussetzung: Ich muss das nicht alles wirklich tun, was ich da aufschreibe. Aber ich muss es als Möglichkeit anerkennen.

Ein Beispiel: Eine 38-jährige Frau ist in ihrem Job unzufrieden. Sie könnte ihn bis zur Rente machen, aber der Gedanke daran erschreckt sie zu Tode. Im Coaching schreiben wir einmal alle möglichen (und unmöglichen) Alternativen auf, die sie hätte:

Alternative 1: Kündigen und vom Gehalt ihres Mannes leben.
Alternative 2: Weiterarbeiten, sich mit dem Gegebenen abfinden.
Alternative 3: Sich im Unternehmen nach einer anderen Stelle umsehen.
Alternative 4: In ihrem Beruf eine Stelle in einem anderen Unternehmen suchen.
Alternative 5: Kündigen, erst mal von der Arbeitslosenhilfe leben und sich etwas Neues suchen.
Alternative 6: Eine Weiterbildung machen.
Alternative 7: Schwanger werden und mit Kind zu Hause bleiben.

Alternative 8: Eine ganz neue Beschäftigung in einem ganz anderen Gebiet suchen.
Alternative 9: Sich selbstständig machen.
Alternative 10: Den Job behalten, die Arbeitszeit reduzieren und nebenbei einen Krimi schreiben.

Einige Sachen findet sie selbst absurd, wir schreiben sie trotzdem einmal auf. Am Schluss bitte ich sie, jeder dieser Möglichkeiten Punkte zu geben, von null Punkte für »ausgeschlossen« bis zehn Punkte für »sehr attraktiv«. Mit null Punkten scheiden die Alternativen eins, zwei und sieben sofort aus. Die Alternativen fünf und neun bekommen gerade mal 4 Punkte, na ja. Die Alternativen drei, vier und sechs bekommen je 6 Punkte, also nicht ganz uninteressant. Alternative acht bekommt von ihr 9 Punkte und die Alternative zehn die volle Punktzahl.

Krimis schreiben, da leuchten ihre Augen. Das hat sie sich schon immer gewünscht. Sie verrät, dass sie mehrere Ansätze dazu in der Schublade hat. Und einen Fernkurs »Besser schreiben« hat sie auch schon mal gemacht.

»Aber ich weiß doch nicht, ob ich das kann«, kommt kurz darauf das erste »Aber«.

»Das weiß ich auch nicht«, gebe ich provokativ zurück, »vielleicht bilden Sie sich ja nur ein, dass Sie schreiben können.« Sie guckt ganz empört.

»Wann werden Sie wissen, ob Sie es können?«, frage ich sie. Sie zuckt die Achseln.

»Wenn Sie es ausprobiert haben.«

Sie grinst. »Stimmt«.

Und sie schreibt auf ihre Umsetzungsliste:

1. Vorhandene Krimi-Fragmente zusammensuchen.
2. Einen Plot der Geschichte entwickeln.
3. Mit dem Schreiben beginnen.
4. Kontakt zu Kriminal-Schriftstellerinnen-Netzwerk suchen.

Was ich immer wieder versuche rüberzubringen, ist: »Fang mit den einfachen Sachen an. Heb dir die schwierigeren für später auf.« Fang mit einfachen, kleinen Mini-Mäuseschritten an: Recherchier eine Telefonnummer, red mit jemandem, schreib deine Ideen auf. Die Erfahrung ist: Wenn du die ersten einfachen Schritte nicht machst, wirst du es nie tun. Dazu fällt mir ein bayerisches Sprichwort ein: »Schwer ist leicht was.« Es sind die Gewohnheiten, die uns oft daran hindern, unsere Schwingen einzusetzen und uns zu bewegen.

Ich vergleiche Gewohnheiten gern mit Omas Federbetten. Erinnern Sie sich noch, wie Sie als Kind darunter fast erstickt sind? Aber die schweren Decken haben auch mollig warm gehalten. Sie wegzustoßen ist erst mal ein Risiko: Die Last ist zwar weg, aber es kann auch ziemlich ungemütlich werden. Vor allem, wenn wir uns die Veränderung als ziemlich kompliziert vorstellen. Also:

- Machen wir die Dinge nicht komplizierter, als sie sind.
- Fangen wir einfach an etwas zu verändern.
- Beginnen wir mit den einfachen Dingen.
- Probieren wir etwas aus.
- Schauen wir, was passiert.

Haben Sie eine Situation, die Sie ändern wollen? Schreiben Sie doch einfach mal alle Möglichkeiten auf, die Ihnen in den Sinn kommen, mögliche und unmögliche. Verrückte Alternativen und »viel zu teure«, unanständige und langweilige. Lassen Sie dabei Ihren gesunden Menschenverstand nicht außer Acht. »Aber das geht doch nicht!«, ruft jetzt vielleicht eine Stimme in Ihnen. Sie kennen die Antwort: »Ruhe. Ob es geht, werde ich wissen, wenn ich es ausprobiert habe!«

Das gilt auch im Umgang mit anderen Menschen, in meiner Familie, mit meinen Kollegen. Stellen Sie einfache Regeln auf für das Zusammenleben oder -arbeiten, je einfacher, umso wirkungsvoller. Beispielsweise in der Familie:

- Jeder stellt sein gebrauchtes Frühstücksgeschirr in die Spülmaschine.
- Was nicht im Wäschekorb liegt, wird nicht gewaschen.
- Wie es in euren Zimmern aussieht, ist mir egal, im Wohnzimmer herrscht abends Ordnung.
- Jeder ist reihum mit ... dran.
- Wer das letzte Klopapier benutzt, holt eine neue Rolle aus dem Vorratsschrank.
- Wenn wir zusammen essen, wird weder Zeitung noch Mickymaus gelesen.
- Wer nach oben geht, nimmt mit, was auf dem Treppenabsatz liegt.
- Der und der ist in dieser Woche zuständig für ...
- Um ... Uhr ist Bettzeit.

Klingt das autoritär in Ihren Ohren? Ich finde es einfach praktisch. Gerade Kinder brauchen einfache Regeln, die mit Konsequenz umgesetzt werden und nicht, dass wir schlecht gelaunt sind, weil wir wieder mal den ganzen Dreck wegräumen müssen. (Es hilft Kindern fürs Leben, wenn sie lernen, die Bedürfnisse anderer zu respektieren!) Wenn ich Stress vermeiden kann, warum sollte ich das nicht tun? Es erfordert Konsequenz, keine Frage, und Disziplin von allen Beteiligten. Aber: Klarheit schafft Harmonie, erinnern Sie sich? Und Einfachheit führt zur Gelassenheit.

Einfachheit führt auch zum Erfolg. Das hat man in der Wirtschaft längst erkannt. »Einfacher, aber besser« war vor einiger Zeit eine große Veranstaltung des Gottlieb-Duttweiler-Instituts in der Schweiz überschrieben. »Warum stagnieren Umsätze? Warum setzen sich immer weniger Innovationen auf dem Markt durch? Warum sind immer mehr Kunden und Mitarbeiter unzufrieden? Weil wir zu kompliziert sind«, schrieben die Initiatoren. Und zogen die Schlussfolgerung: »Wer nicht versteht, kauft nicht.«

Das gilt für Verkaufsversprechen wie für Argumente gegenüber Kunden. Und es gilt für Strukturen und Regeln gegenüber Mitarbeitern. Wer nicht mehr durchblickt, wirft das Handtuch. Einfachheit ist auch im Management angesagt. Ich ermutige in meinen Managerseminaren: »Gib klare Anweisungen, und sie werden sie verstehen. Stell klare Forderungen, und sie können sie erfüllen. Setz klare Ziele, und sie können sie erreichen.« Die Zauberformel gegen Missverständnisse und Stress, für Erfolg und Gelassenheit. In einem Seminar habe ich mit Teilnehmer/innen einmal erarbeitet, was kluge, einfache Mitarbeiterführung bedeutet. Wir sind auf mehr als ein Dutzend einfacher Regeln gekommen:

- Suchen Sie in Konfliktsituationen die direkte Aussprache mit den Beteiligten, und gehen Sie ernsthaft auf Ihre Gesprächspartner ein.
- Wahren Sie den guten Ton, indem Sie Beleidigungen unterlassen und Kritik nur im Vier-Augen-Gespräch äußern.
- Zollen Sie Ihren Mitarbeitern die gebührende Anerkennung für ihre Leistungen: Äußern Sie auch positive Kritik.
- Geben Sie Planungssicherheit, indem Sie Termine gemeinsam abstimmen, realistische Fristen setzen und Aufträge rechtzeitig erteilen.
- Definieren Sie klare und erreichbare Ziele, und beziehen Sie Ihre Mitarbeiter in deren Bestimmung mit ein; setzen Sie dabei eindeutige Prioritäten.
- Arbeiten Sie im Team: Entwickeln Sie neue Ideen gemeinsam, und verteilen Sie die Aufgaben sinnvoll.
- Seien Sie sensibel in Bezug auf die Atmosphäre, und mahnen oder entfernen Sie Störenfriede frühzeitig.
- Gewährleisten Sie, dass Sie zu bestimmten Zeiten ansprechbar sind, nehmen Sie die Anliegen Ihrer Mitarbeiter ernst, und geben Sie ihnen Feedback.
- Stehen Sie zu Ihrem Wort: Halten Sie Versprechungen und Zusagen ein, und bleiben Sie immer bei der Wahrheit.
- Pflegen Sie einen kooperativen Führungsstil: Vertrauen Sie Ihren Mitarbeitern, und führen Sie diese, ohne sich unnötig einzumischen.

- Behandeln Sie alle Mitarbeiter gleich, und vermeiden Sie die offenkundige Bevorzugung einzelner Personen.
- Seien Sie objektiv bei der Genehmigung von Urlaub.
- Verteilen Sie die Arbeit gerecht unter den Mitarbeitern, und berücksichtigen Sie dabei deren individuelle Fähigkeiten – Sie sollen fordern, aber nicht überfordern.
- Stellen Sie leistungsbereiten Mitarbeitern neue Perspektiven in Aussicht.

Das Symbol für Einfachheit: der Kieselstein

Der Kieselstein ist einfach und jeder ist einzigartig.

Übungen

Konzentrieren Sie sich in den nächsten vier Wochen auf folgende Fragen:

1. Woche: Was kann ich einfacher ausdrücken?
2. Woche: Welche Arbeiten kann ich mir einfacher machen?
3. Woche: Wie kann ich ein Problem »einfach angehen«?
4. Woche: Welche einfachen Regeln kann ich fürs Zusammenleben aufstellen?

Schreiben Sie Ihre Beobachtungen in Ihr Gelassenheits-Tagebuch.

Morgenmeditation
Was bedeutet heute Einfachheit für mich?

Abendbilanz
Was habe ich heute einfach gemacht?

Wunsch
Ich achte darauf, mit den einfachen Sachen zu beginnen.

SECHSTER SCHLÜSSEL

Geduld

Warten als Chance

Geduld ist wirklich ein Kapitel für sich. Manchmal haben wir unendlich viel davon, und manchmal bringen uns Sekunden zum Toben. Ein paar Beispiele: Ich stehe eine Stunde im Stau. Kein Problem, so ist das Leben. Aber: Ich habe es eilig und warte, dass die Waschmaschine endlich aufhört zu schleudern, so dass ich die Wäsche in den Trockner tun kann. Die Maschine ist fertig, doch sie gibt die Tür noch nicht frei. Diese 30 oder 60 Sekunden machen mich wahnsinnig, ich drücke auf dem Griff herum, ziehe und zerre, natürlich ohne Erfolg.

Ein anderes Beispiel: Ich will meinen Pass verlängern lassen und muss im Amt warten (Sie kennen das: Ziehen Sie eine Nummer, gehen Sie nicht über Los, setzen Sie sich einfach hin ...). Macht nichts. Ich habe ein Buch oder einen Block dabei, nutze die Zeit. Aber: Ich warte, dass sich eine Präsentation auf meinem Laptop öffnet, es dauert. Dann möchte ich am liebsten auf die Kiste einschlagen.

Und zum Dritten: Ich sitze im Warteraum, bis ich beim Arzt drankomme. Na und? Ich lese all die Lesezirkel-Zeitschriften, die ich mir nie kaufen würde. Aber: Ich stehe an einer Kasse und möchte zahlen, zwei Verkäuferinnen unterhalten sich in aller Seelenruhe. Dann muss ich die Zehen in meinen Schuhen einziehen, um nicht grob zu werden.

Geduld und Ungeduld sind Begriffe, die seit altersher die Menschen beschäftigt haben: »Gehe zuerst drei Monde in den Mokassins eines anderen, bevor du über ihn urteilst«, sagt ein indianisches Sprichwort. »Gott hat uns die Zeit geschenkt und euch die Uhren«, sagt ein arabisches. »Die Menschen wollen alle unsterblich sein, aber sie wissen schon an einem verregneten Sonntag nichts mit sich anzufangen«, schreibt Heiko Ernst in seinem Buch *Das gute Leben*.

Geduld ist die große Herausforderung der Gelassenheit. Aushalten zu können, dass nicht alles in der Geschwindigkeit läuft, die ich vorgeben möchte, ist das Ziel. Wir alle kennen das Wort »Engelsgeduld«: Schön, wenn sich jemand einer Sache so intensiv widmen kann, unerträglich jedoch, wenn wir deswegen irgendwo warten müssen.

Hier *fünf Regeln*, die uns helfen können, geduldiger zu werden:

Erstens
Vielleicht kennen Sie Menschen, die ein anderes Zeitgefühl haben. Sie sagen: »Das muss gemacht werden« und meinen »sofort«, der andere versteht: »Das muss gemacht werden« und denkt »irgendwann«. Sie flippen aus, der andere weiß überhaupt nicht, worüber Sie sich aufregen. »Aber ich hätte das schon noch gemacht!?« Manche Menschen können es nicht aushalten, wenn andere langsamer gehen, reden oder essen als sie. Es ist die Herausforderung des Lebens, sich nicht als das Maß aller Dinge zu betrachten. Natürlich ist es klasse, wenn wir schnell sind, vielleicht übersieht aber jemand Langsamerer weniger als wir. Wir sind schnell zu begeistern, yeah! Vielleicht behält jemand Langsamerer einen klaren Kopf und sieht eher auch die Schwierigkeiten?

Kinder können ihre Eltern mit ihrem Trödeln wahnsinnig machen, ein Gang zum Kindergarten kann zur botanischen Expedition werden, jeder Wurm, jedes Blümchen wird inspiziert. »Wie diese Wolke aussieht, schau mal, Mami.« Und Mami, bei aller Liebe, hat keinen Blick für die Schönheit dieses Morgens.

Die erste Regel in Sachen Geduld: Erkenne an, dass Menschen (und vor allem Kinder) ein unterschiedliches Zeitgefühl haben.

Wenn du möchtest, dass deine »Schlagzahl« gilt, dann mach das unmissverständlich klar: »Heute Nachmittag um drei möchte ich das Ergebnis sehen.« Mit Kindern brauchen wir mehr Feingefühl. Und bessere Strategien: Mehr Zeit einplanen von Anfang an. Ablenkungsmanöver à la: »Glaubst du, der Maximilian freut sich schon, dass du in den Kindergarten kommst?« »Nimm das Gänseblümchen mit und schenk es der Frau Waldmüller!« Trödelnden älteren Schulkindern kann man schon einmal die Konsequenz ihres Handelns vor Augen führen: »Wenn du dich jetzt nicht anziehst, kommst du zu spät in die Schule.« Und dann aber auch mal zu spät kommen lassen.

Zweitens
Sicher kennen Sie, dass etwas nicht nach Plan läuft, so wie mir das neulich geschehen ist. Mein Flugzeug sollte um 21.35 Uhr in Frankfurt starten. Ich warte. Um 21.45 Uhr, ich stehe immer noch am Gate, kommt die Durchsage: »Wegen eines technischen Defekts kann die Maschine nach München leider nicht starten. Wir warten auf die Maschine aus Hannover, die Sie aufnehmen und nach München mitnehmen wird.« Am Flugsteig bricht Rebellion aus. Ich bin auch nicht gerade erfreut, todmüde nach einem langen Tag. Aber andere Passagiere randalieren nahezu. Sie beschimpfen das Bodenpersonal. Dass sie es nicht zwingen, sie doch mit der defekten Maschine fliegen zu lassen, ist ein Wunder. Es muss eine tiefe Kränkung sein:

Da stehen lauter Bosse, die gewöhnt sind, Anweisungen zu geben, und müssen sich plötzlich einer fremden »Macht« unterwerfen.

Wenn wir es schaffen, aus dem Drama ein Spiel zu machen, wird unser Leben wesentlich ruhiger. Wenn wir nicht jedes Wartenmüssen als persönliche Kränkung empfinden, brauchen wir uns weniger zu ärgern. Wir erhöhen durch Geduld also schlicht unsere Lebensfreude.

Der Zeitforscher Professor Karlheinz Geißler sagt dazu: »Muße bedeutet nicht ungenutzte Zeit. Im Gegenteil: Pausen, Warten, Routine sind bisher völlig unausgeschöpfte Zeitformen. Wir müssen dringend lernen, sie kreativ einzusetzen.« Über drängende Termine sagt er: »Sind sie wirklich wichtig? Ist nicht oft das, was dringend wirkt, drei Stunden später schon nicht mehr dringlich? Dringlichkeit soll oft Wichtigkeit implizieren und ist Bestandteil unseres Konkurrenzsystems. Man macht sich damit wichtig. Wir führen einen Zeitkrieg, weil wir an Mythen glauben wie ›Der Schnelle frisst den Langsamen‹. Schnelligkeit ohne Inhalt ist unsinnig. Wer schnell ist, kann auch schnell am Ende sein.«

Und vor allem: Wir erhöhen unser Herzinfarktrisiko. Kennen Sie die Drängler auf der Autobahn, die Schieber am Einstieg zur U-Bahn oder an der Kasse? Untersuchungen haben ergeben, dass sie ein wesentlich höheres Gesundheitsrisiko tragen als geduldige Menschen. Und mit welchem Ergebnis drängeln sie sich vor? Sie stehen drei Autos weiter vorn an der nächsten roten Ampel. Wow, 15 Sekunden rausgeschunden! Glückwunsch! Wie soll ich mich da noch über sie ärgern?

Ich habe mir einen Satz angewöhnt, wenn beispielsweise die Aktenkofferträger am Flugsteig drängeln. Ich lächle sie an und sage: »Bitte, fliegen Sie ruhig vor mir.« Verblüffte Gesichter garantiert! Und ich grinse, statt mich zu ärgern. Ein großer Schritt in Sachen Gelassenheit.

Die zweite Regel in Sachen Geduld: Erkenne an, dass nicht immer deine Schlagzahl gilt. Nimm dich wichtig, aber nimm dich nicht zu wichtig.

Natürlich wollen wir Termine einhalten, pünktlich sein. Aber wenn es nicht in unserer Macht steht, dann geht es halt nicht. Es macht keinen Sinn, Taxifahrer oder Partner zum Rasen anzuhalten, oder selbst Kopf und Kragen zu riskieren. So wichtig kann fast kein Termin sein. Im Gegenteil. Wie heißt der alte Spruch: »Wenn du's eilig hast, geh langsam.« Bei allem Respekt: Ob ich meinen Flieger bekomme oder nicht, mag im Augenblick ja wichtig sein. Im Vergleich zum Universum ist es nur ein Fliegenschiss.

Drittens

Ich habe in meinem Leben die Erfahrung gemacht, dass nur das geschieht, was geschehen kann, und habe einige Grundüberzeugungen daraus für mich gewonnen. Ich weiß, wenn ein Vorhaben etwas werden soll, dann erreiche ich die wichtigen Menschen sofort am Telefon, sie haben auf Anhieb Zeit, mich zu treffen, sind sowieso in der Nähe. Die Räume, die wir brauchen, sind frei, die Termine sind einfach zu koordinieren, es läuft wie geschmiert. Auf der anderen Seite nehme ich Hindernisse auch als Warnungen. Dreimal telefoniert man aneinander vorbei? Es gibt große

Probleme bei den Terminen, es gibt keine passende Verbindung? Inzwischen nehme ich das als deutliches Zeichen: Lass es, es soll nicht sein.

Geduld heißt für mich auch zu akzeptieren, dass manche Aufträge nicht für mich gedacht sind, dass manche Projekte nicht zustande kommen sollen. Dass ich manchmal an einem gewissen Tag nicht hier oder dort sein soll. Es soll einfach nicht sein. Und während ich früher deswegen mit meinem Schicksal haderte, nehme ich es heute als Zeichen, dass mein Leben eine andere Kurve nehmen soll. Vor kurzem habe ich einen Geschäftspartner geschockt, als ich ihm sagte: »Wenn ich Sie heute wieder nicht erreicht hätte, hätte ich das Projekt abgehakt.«

Regel Nummer drei in Sachen Geduld: Erkenne an, dass manche Pläne sich nicht verwirklichen lassen. Manche Dinge sind nicht für uns gedacht. Gräm dich nicht darüber. Oder überlege einen »Plan B«, wenn es auf dem einen Weg nicht zu schaffen war, vielleicht gibt es eine verheißungsvolle Alternative. Und vielleicht musst du dich einfach zurücklehnen und abwarten. Manchmal ist die Zeit einfach noch nicht reif! Klingt banal? Ist es auch!

Viertens

Ungeduld und Druck führen selten zum Erfolg. Im Gegenteil, je mehr Druck wir ausüben, umso eher scheitern unsere Pläne:

- Vielleicht lässt sich ja wirklich jemand überreden, den 28fach-Super-Saug-Schmatz-Staubsauger zu bestellen. Aber wenn das mit zu viel Druck geschieht, ist die Auftragsstornierung gewiss.

- Vielleicht sagt die Kollegin schließlich wirklich Ja, wenn wir sie bedrängen, eine Arbeit für uns zu übernehmen. Aber dann kommt sie leider einfach nicht dazu ...
- Vielleicht sagt eine Frau sogar wirklich »Jaaaaa« zu einem Heiratsantrag, wenn der Freund so drängelt. Muss dann aber leider vier Wochen vorm Hochzeitstermin mit seinem besten Freund oder dem Tennislehrer durchbrennen (gibt es!).
- Vielleicht sagt der Chef: »Okay, Sie kriegen Ihre Gehaltserhöhung«, wenn wir Druck machen. Aber dann hat er es »leider doch nicht durchsetzen können ...«

Es macht keinen Sinn, zu starken Druck zu machen. »Don't be pushy!« Diesen Satz habe ich in den USA gehört. Und er hat mir gut gefallen. Pushy sein heißt drängeln, andere unter Druck setzen. Wir alle kennen solche Zeitgenossen, die keine Geduld haben und uns unter Druck setzen. Bei einem vierjährigen Kind vor Weihnachten ist Ungeduld ja noch reizend, bei einem 34-Jährigen ist sie ätzend.

Kennen Sie das Unbehagen, wenn uns eine Verkäuferin unbedingt ein Kleid schönredet, das wir anprobieren: »Och, die Falten am Rücken, das gibt sich, wenn der Stoff nachgibt. Ja, die Ärmel sind ein bisschen zu lang, aber die können Sie ja schoppen. Sehen Sie. Was, der Rock ist vorne kürzer als hinten? Das trägt man dieses Jahr so. Die Farbe macht Sie blass? Ach, das ist nur das schlechte Licht hier drinnen.«

Manchmal haben wir so labile Momente, dann lassen wir uns tatsächlich überreden. Wenn wir das Monsterkleid dann kaufen, weil wir zu schwach sind, uns zu wehren, dann hat die Verkäuferin zwar erreicht, ihren Umsatz an diesem Tag zu steigern. Doch sie hat auch eine Kundin verloren. Wenn wir wieder bei Sinnen sind und sehen, wie krank wir in diesem Kleid aussehen, werden wir nie wieder einen Fuß in dieses Geschäft setzen.

Ungeduldige Menschen erzielen vielleicht kurzfristige Erfolge, aber langfristig katapultieren sie sich aus dem Spiel. Wir mögen einfach nicht mit Leuten zusammen sein, von denen wir das Gefühl haben, dass sie uns permanent die Pistole auf die Brust setzen und uns zu Entscheidungen zwingen.

Meist sind wir selbst ungeduldig, wenn wir Angst haben: Angst etwas zu verpassen, Angst zu kurz zu kommen. Dann preschen wir todesmutig nach vorne – und laufen leicht ins offene Messer. Um es klar zu unterscheiden: Geduld heißt nicht Zögerlichkeit oder gar Aufgeben. Geduld heißt beispielsweise abwarten können, um mit Hilfe aller Sinne den besten Zeitpunkt für eine Aktion zu erspüren.

Regel Nummer vier in Sachen Geduld: Mach nicht zu viel Druck. Du verschreckst auch wohlwollende Menschen. Und den vermeintlichen Vorteil bezahlst du mit Stress. Deine Ungeduld verunsichert andere oder macht sie aggressiv.

Geduld brauchen wir auch für unsere Liebe, unsere Beziehungen. Da wächst etwas Zartes heran, aber mit unserer Ungeduld machen wir manches Pflänzchen kaputt. Innigkeit entsteht, aber wir wollen gleich wissen, woran wir sind und quatschen unsere Chancen zu Tode. Ich sah einmal einen weisen Spruch auf dem Schreibtisch meines Frauenarztes: »Was du lieb hast, lasse gehen. Wenn es zurückkommt, war es deins.« Wir nehmen uns selbst Chancen, wenn wir zu sehr drängeln.

Die Münchner Unternehmensberaterin und Karrieretrainerin Monika Scheddin hat einmal ein sehr schönes Bild für Geduld im Beruf gefunden: »Fülle den Pokal der Möglichkeiten mit allen erdenklichen Chancen. Dann lehne dich zurück und schau, was daraus wird. Geh spazieren, nachdem du alles angerührt hast. Fahr ein paar Tage weg, genieße dein Leben, aber hinterlass vorsichtshalber die Telefonnummer, unter der du erreichbar bist.«

Fünftens
Es gibt eine asiatische Weisheit, die Wu-Wei-Weisheit, die besagt, dass wir nicht überall dabei sein müssen, dass die Dinge auch oft ohne uns laufen, dass Nichthandeln manchmal besser ist als Handeln. Überlegen Sie einmal, in welchen Situationen Sie schon mal zu früh vorgeprescht sind und sich selbst geschadet haben? Was hätte Abwarten verändert?

Haben Sie schon einmal erlebt, wenn in einer vermeintlichen Krise in der Familie oder im Betrieb Hektik ausbricht? Da wird telefoniert und in eilig einberufenen Besprechungen werden schnelle Lösungen gezimmert. Oft wird dabei mehr kaputtgemacht als gerettet. Überhasteter Aktionismus trägt den Kern des Scheiterns in sich.

Ein anderes Beispiel: Manche Menschen haben ein ausgeprägtes Appellohr. Die Gabe also, auch unterschwellige, nicht ausgesprochene vermeintliche Aufforderungen, also Appelle, aus einer Bemerkung herauszuhören. Sie stürmen los, um sofort dies oder das zu erledigen, und sind sauer, wenn sie hinterher gesagt bekommen, »Was soll ich damit?«

Regel Nummer fünf in Sachen Geduld: Manche Dinge erledigen sich von alleine. Denken Sie auch in Krisenzeiten ans Innehalten. Ans Horchen auf die innere Stimme, an einen kurzen Augenblick der Besinnung. »Einmal drüber schlafen« ist eine bewährte Einstellung, um Entscheidungen zu treffen. Dabei hilft es auch zu unterscheiden: Was ist wirklich dringend? Unsere Zeit schafft oft eine künstliche Dringlichkeit: »Nur heute!«, »Entscheiden Sie sich sofort!«, »Antworten Sie gleich!« Entschleunigen ist angesagt. Setzen Sie Ihre eigenen Prioritäten.

So wie es eine »Slow-Food-Bewegung« gibt, die dafür wirbt, sich wieder mehr Zeit zum Kochen und Essen, also zum Genuss, zu nehmen, genauso sollten wir eine »Slow-Motion-Bewegung« gründen, die wieder Zeit zum Nachdenken und zum sorgfältigen Entscheiden propagiert. Wer ist dabei?

Wenn wir die fünf Regeln zu mehr Geduld beachten, haben wir einen großen Schritt in Richtung Gelassenheit gemacht. Wir behalten dann einen klaren Kopf, schonen unsere Kräfte und konzentrieren uns auf das Wesentliche. Nur wenn wir Geduld aufbringen, sind wir in der Lage, in die Zukunft zu investieren. Das gilt für Geldanlagen wie für Projekte.

Mit einer Gruppe von Kindergartenkindern wurde einmal ein interessanter Versuch gemacht. Jedes Kind bekam auf einem Teller einen Marshmallow vorgesetzt. Dazu

Geduld

wurde ihnen gesagt: »Wenn ihr eine Viertelstunde mit dem Essen wartet, bekommt ihr einen zweiten dazu.«

Das Ergebnis: Ein Drittel der Kinder aß trotz der Aussicht auf einen zweiten die Süßigkeit sofort, nach dem Motto: »Was man hat, das hat man.« Ein Drittel wartete eine gewisse Zeit, konnte aber dann dem Verlangen nicht mehr widerstehen und griff ebenfalls zu. Ein Drittel brachte tatsächlich die nötige Geduld auf und »verdiente« sich einen weiteren Marshmallow.

Sind wir Erwachsenen nicht genauso? Einige schaffen es problemlos, jeden Monat 50 Euro zur Seite zu legen, um sich nach Jahren einen Traum erfüllen zu können. Andere schaffen das eine ganze Zeit lang und verlieren dann doch das Ziel aus den Augen, können nicht mehr warten und legen Hand ans Ersparte. Und wiederum andere können überhaupt nicht warten, verschulden sich lieber, um sich ihren Wunsch gleich zu erfüllen. Und zahlen dann jahrelang den Kredit ab.

Aus meinen Coachings weiß ich, dass auch die Investition in berufliche Ziele nicht allen gleich leicht fällt. Manchen Menschen fehlt die »Erfolgsfantasie«. Das möglicherweise erzielbare Ergebnis ist nicht reizvoll genug, damit sie auf dem manchmal mühevollen Weg dorthin durchhalten. Sie scheuen die Mühe, glauben selbst nicht, dass sie es schaffen können.

Im Gegensatz dazu erlebe ich die Freude bei Menschen, die auch Durstphasen überstanden haben, die auf dem zweiten Bildungsweg Abitur oder Studium nachgeholt oder sich während der Familienphase spezielle Fähigkeiten angeeignet haben. »Man erntet, was man sät!«

Überlegen Sie einmal für sich: Welche Investition steht bei mir an? Worauf arbeite ich hin? Was ist mir so wichtig, dass ich bereit bin, Arbeit und Mühe zu investieren? Wozu brauche ich Kraft und Geduld?

Eine kleine hilfreiche Übung, um auf diesem Weg besser durchzuhalten:

Schließen Sie die Augen, und stellen Sie sich den Augenblick vor, nachdem Sie Ihr Ziel erreicht haben: Was wird dann sein? Wie werden Sie sich fühlen? Welche Erleichterung und Freude wird Sie durchströmen? Welche Vorteile werden Sie dadurch haben? Wie werden andere auf Ihren Erfolg reagieren? Welche Türen werden sich dadurch für Sie öffnen?

Genießen Sie dieses Gefühl des Triumphs und speichern Sie es als Moment der großen Freude in Ihrem Gedächtnis ab. Wann immer Sie klein- oder wankelmütig werden, wann immer Sie die Zweifel plagen, ob sich die ganze Mühe lohnt, dann rufen Sie dieses Gefühl ab. Es wird Ihnen Kraft zum Durchhalten geben, den kleinen Extrakick Energie.

Investieren heißt, in die Zukunft vertrauen. An etwas dranbleiben heißt, das gewünschte Ziel zu ermöglichen. Abwarten können heißt, auf den richtigen Zeitpunkt zu warten. Gelassenheit führt zum Erfolg!

Das Symbol für Geduld: das Segelboot
Wer segelt, weiß, dass er auf den Wind angewiesen ist. Er nutzt die Brise und kann auch mit Flauten fertig werden.

Übungen
Konzentrieren Sie sich in den nächsten vier Wochen auf folgende Fragen:
1. Woche: Wofür fehlt mir die Geduld?
2. Woche: Wann reagiere/handle ich vorschnell?
3. Woche: Was wendet sich von ganz alleine zum Guten?
4. Woche: Worauf kann ich mich freuen, wenn ich durchhalte?

Schreiben Sie Ihre Beobachtungen in Ihr Gelassenheits-Tagebuch.

Morgenmeditation
Was bedeutet heute Geduld für mich?

Abendbilanz
Wann war ich heute geduldig/ungeduldig?

Wunsch
Ich achte darauf, dass ich Wartezeiten nutze.

SIEBTER SCHLÜSSEL
Großzügigkeit

Eigentlich geht es uns gut

»Meins, meins, meins« – der dreijährige Max schreit wie am Spieß und haut seinem Zwillingsbruder Tom die kleine rote Schaufel auf den Kopf, die der ihm gerade wegnehmen wollte. Manchmal gebärden auch wir Erwachsene uns wie Dreijährige mitten in der Trotzphase. »Meins, meins,

meins ...« Das Adrenalin pulst durch unseren Körper, wir zeigen die Zähne, ballen die Faust und würden am liebsten ... Großzügigkeit fällt manchmal verflixt schwer.

Was verstehe ich unter Großzügigkeit?

- Anderen etwas gönnen
- Etwas (ab)geben können
- Anderen helfen
- Mir helfen lassen
- Mich mit anderen freuen
- Andere fördern
- Gerechte Verträge abschließen
- Loben können
- Lob annehmen können
- Kritisieren
- Kritik annehmen
- Mir selbst und anderen verzeihen
- Versöhnen

Es gehört also eine ganze Menge Großmut dazu, ein offenes Herz und eine offene Hand. Dabei geht es nicht nur um materielle Großzügigkeit, sondern viel mehr noch um emotionale. Es geht um Freigebigkeit und Nachsichtigkeit statt Geiz und Neid. Nicht unbedingt die Parolen einer Ich-Gesellschaft, die rigoros auf Erfolg und Profit setzt. Trotzdem kein Grund, nicht an seiner persönlichen Großzügigkeit zu arbeiten. Und zwar aus einem total egoistischen Motiv heraus: Wenn ich aus der Wagenburg der Raffer und Besserwisser ausschere, bedeutet das meine ganz persönliche Abrüstung. Es bedeutet Entlastung und Freude, mehr Zufriedenheit und Versöhnung mit der Welt.

Lassen Sie es mich an einigen ganz einfachen Beispielen erläutern. Viele können es nämlich nicht ertragen, dass andere Menschen einen anderen Lebensstil pflegen als sie selbst:

- Herr A. ärgert sich über den Nachbarn, der seinen Garten fröhlich verwildern lässt und die Hecke nicht so akkurat schneidet wie die anderen in der Straße. Herr A. empfindet die wuchernden Gänseblümchen als persönlichen Angriff.
- Frau B., die ihre beiden Kinder und den Haushalt versorgt, hat kein Verständnis für die Freundin, die trotz ihrer Kinder arbeitet. »Rabenmutter«, schimpft sie diese verächtlich. Sie empfindet den anderen Lebensweg als Bedrohung ihrer eigenen Überzeugung.
- Herr C. lästert über den Nachbarn, der eine große Limousine als Dienstwagen bekommen hat und ihn oft vor der Garage stehen lässt. Seit diese »Protzkarre« da steht, hat Herr C. keine Freude mehr an seinem Mittelklassewagen.
- Frau D. schneidet die Kollegin, die vom Chef das Projekt bekommen hat, das sie gern gehabt hätte. »Na, man weiß ja, dass die was mit dem Chef hat«, ätzt sie hinter vorgehaltener Hand. Sie empfindet die Bevorzugung der Kollegin als persönliche Kränkung und muss sich »rächen«.
- Herr E. schimpft laut über ein Asylbewerberheim im Nachbarort: »... und die haben sogar Trockner!« Na prima, da muss man nur seine Heimat, seinen Besitz, seine Kultur, seine Familie, seine Sprache, seine Freunde verlassen, einfach alles, dann bekommt man in Deutsch-

land einen schnuckeligen Trockner. Meinten Sie das so, Herr E.?

Mangelnde Großzügigkeit hat immer etwas mit dem Gefühl des Zu-kurz-gekommen-Seins zu tun. Der andere hat etwas oder will etwas, was eigentlich mir zusteht. Wenn ich etwas abgebe, bleibt mir nicht genug. Wenn ich jemandem zu etwas verhelfe, gehe ich leer aus. Kein Wunder, dass im Fegefeuer dieser Ängste keine Gelassenheit entstehen kann. Fühle ich mich doch stets in Verteidigungsstellung. Um ganz klar zu sein: Neid ist eine menschliche Eigenschaft, wir dürfen uns nur nicht in dem Gefühl verlieren.

Ich bin überzeugt, dass wir alle solche Gefühle kennen, ich nehme mich da gar nicht aus. Natürlich nagt es kurz an meinem Herzen, wenn andere Autoren in Bestsellerlisten erscheinen, deren Bücher ich mit meinen vergleiche. Natürlich beneide ich Menschen, die Ziele erreichen, von denen ich noch weit entfernt bin. Aber ich habe gelernt, sehr schnell wieder aus dem Gefühl des Zu-kurz-Kommens herauszufinden. Ich weiß: Wenn ich an ihrer Stelle stehen sollte, würde ich da stehen.

Ich habe den Zusammenhang von Ursache und Wirkung akzeptiert. Diese Menschen haben etwas getan, um dort zu sein, wo sie jetzt sind. Wenn ich Ähnliches haben wollte, müsste ich meinen Einsatz dafür bringen. Ich glaube, es ist nur ein kleiner Schritt vom Neid zur Bewunderung. Anders ausgedrückt: Bewunderung ist Neid ohne Angst. Und diesen Schritt aus der Angst heraus können wir mit Hilfe unseres Willens schaffen. Ich kann mich entschließen, anderen ihren Erfolg, ihr Geld, ihr Glück zu gönnen. Genauso wie ich mich entscheiden könnte, ihnen alles zu missgönnen. »Ich bin halt so«, gilt nicht. Wenn ich an etwas glaube, dann ist es an die Fähigkeit des Menschen, kraft seines Willens Einstellungen zu verändern.

Schließen Sie doch mal kurz die Augen: Denken Sie sich in einen Menschen hinein, der anderen ihr Glück, ihren Erfolg, ihren Lebensstil missgönnt. Welche Gedanken schießen Ihnen durch den Kopf? Spüren Sie, welche Emotionen sich breitmachen, wie sich die Körperhaltung verändert. Was bedeutet diese Einstellung für Ihr Lebensgefühl?

Öffnen Sie die Augen wieder, schütteln Sie die gerade empfundenen Gefühle ab. Recken und strecken Sie sich, lösen Sie die Verkrampfungen in Ihrem Körper, lächeln Sie.

Nun schließen Sie noch einmal die Augen. Denken Sie sich in einen Menschen hinein, der anderen ihr Glück, ihren Weg von Herzen gönnt. Spüren Sie wieder in sich hinein: Was für ein Gefühl ist das? Was passiert mit Ihrer Körperhaltung, welche Gedanken gehen Ihnen durch den Kopf? Öffnen Sie wieder die Augen, recken und strecken Sie sich. Jetzt lächeln Sie vielleicht von ganz allein.

Vergleichen Sie die beiden Empfindungen. Lohnt es sich nicht, die zweite Variante zu wählen? Weniger Krampf, weniger Angst, weniger Enge, mehr Freude, mehr Offenheit, mehr Gelassenheit. »Eigentlich könnten wir uns freuen, denn eigentlich geht es uns gut ...«, singt der Sänger Xavier Naidoo. Na, dann lasst es uns doch versuchen. Wenn wir uns aus der Enge befreit haben, können wir Großzügigkeit aktiv leben.

Schreiben Sie doch einmal in Ihr Gelassenheitsbuch: Worauf sind Sie neidisch, bei wem fällt es Ihnen schwer, ihm etwas zu gönnen? Was hat jemand vermeintlich zu Unrecht bekommen? Auf wen sind Sie deshalb böse? Abgründe tun sich auf, Sie schämen sich? Nein, das brauchen Sie nicht. Sie sind auch nur ein Mensch. Stehen Sie zu den Gedanken und Gefühlen, seien Sie ehrlich (außer Ihnen wird es ja niemand lesen).

Überlegen Sie im zweiten Schritt: Was würde sich an Ihrer Lebensfreude ändern, wenn Sie aus dem Gefühl der Missgunst herauskämen? Welche finsteren Gedanken würden Sie los? Welche Energie würde frei, wenn Sie sich lösen könnten? Überlegen Sie sich auch: Was wäre für Sie ganz konkret anders, wenn der andere das nicht hätte, was Sie ihm nicht gönnen? Würden Sie sich wirklich besser fühlen?

Sind Sie jetzt bereit, sich im dritten Schritt von Ihrem Neidgefühl zu lösen? Befreien Sie Ihre Seele von Missgunst, indem Sie Ihre Großzügigkeit annehmen. Vielleicht schaffen Sie es, Sätze zu sagen oder zu schreiben wie: »Ich gönne Schwager Willy sein großes, schönes Haus.« »Ich gönne meiner Schwester die tolle Stelle.« »Ich gönne meiner Freundin das Glück mit ihren Kindern.« Und nicht vergessen: Lächeln.

Mir selbst flattern Schmetterlinge im Bauch, wenn ich ab und zu diese Gedankenübung durchführe und störenden Ballast abwerfe. Es gibt so ein Prickeln hinterm Brustbein, ein Gefühl der Leichtigkeit und grenzenloser

Freiheit und der Gewissheit, dass ich mein Leben wieder ein Stück gelassener leben kann.

Die befreiende Gedankenübung ist das eine. Konkretes großzügiges Handeln das andere. Hier einige Beispiele:

- In Verhandlungen können wir darauf achten, dass beide Seiten möglichst viele ihrer Forderungen umsetzen können. Der gesunde Kompromiss ist die Basis für eine lange, gedeihliche Zusammenarbeit. »Win-Win-Situation« nennen Amerikaner dieses ausgewogene Ergebnis, es gibt zwei Gewinner und keinen Verlierer. Großzügigkeit bedeutet, andere nicht zu übervorteilen, ihnen zu helfen, ihr Gesicht zu wahren, Lasten und Gewinn gerecht zu verteilen.
- Wir können anderen helfen, ihre Ziele zu erreichen, indem wir sie fördern und fordern. Ob im Beruf oder im Freundeskreis, wir machen andere nicht klein oder demotivieren sie, nur damit sie uns nicht »über den Kopf wachsen«. Wenn wir helfen, Menschen zu stärken, helfen wir uns selbst. Wir überwinden unseren Kleingeist und unsere Angst zurückzubleiben. Leben ist Bewegung, Starrheit, selbst die gepflegte, legt uns Fesseln an.
- Wir können anderen materiell helfen. Eine Freundin ist nach der Trennung von ihrem Partner in Geldnot? Wir könnten ihr natürlich aus der Besserwisserposition eine Moralpredigt halten, dass es nicht dazu hätte kommen müssen und dass wir es ihr ja gleich gesagt hätten. Großzügigkeit ist etwas anderes. Wir helfen ihr aus der Not, mit Geld oder mit einer Wohnmöglichkeit, mit Möbeln oder Kleidern für die Kinder, mit unseren

Kontakten oder mit unserer Zeit. Und erst dann überlegen wir mit ihr zusammen, was sie tun kann, um nie wieder in eine solche Situation zu geraten. (Zum Thema Geld leihen – ich habe von einem Freund mal etwas Entscheidendes gelernt: Verleih nie mehr Geld, als du auch verschenken könntest. Denn sich selbst in Not zu bringen, ist nicht die Alternative.)

- Wir können anderen unsere Unterstützung anbieten. Ein Freund möchte seinen Meister machen, um sich anschließend selbstständig zu machen. Statt ihn zu verunsichern: »Was bringt denn das?«, gründen wir mit Freunden ein Unterstützungskomitee. Wir können uns überlegen, wer ihn in dieser Zeit wie entlasten kann: Wer lernt mit ihm? Wer weiß etwas, was ihm hilft, wer stellt ihm ein ruhiges Zimmer zur Verfügung? Wer geht mit den Kindern zum Sport, um seine Frau zu entlasten? Wie kann ich mit meinen Möglichkeiten helfen, das ist die Frage für jeden Einzelnen.

- Wir können andere bewusst fördern: Eine Mitarbeiterin hat das Potenzial, mehr aus sich zu machen. Wir helfen ihr aktiv, dieses Potenzial zu entdecken und zu nutzen. Wir geben ihr die Möglichkeit, sich zu beweisen. Wir öffnen ihr Türen, empfehlen sie. Wir freuen uns daran, wenn sie sich bewährt. Vielleicht kennen Sie den Spruch: »Starke Chefs holen sich starke Mitarbeiter, schwache Chefs schwache.« Nur wer Angst hat, andere könnten ihn überflügeln, ihnen etwas wegnehmen, muss andere »dupfen«, also klein machen, klein halten. Im Kapitel Vertrauen werde ich später noch einmal auf diesen Aspekt eingehen.

»Teach people how to reach for the stars«, dieses Motto hing jahrelang über meinem Schreibtisch und ist seit meiner Selbstständigkeit mein Unternehmensmotto. Es macht unglaubliche Freude, Menschen zu helfen, zu wachsen und ihre Ziele zu erreichen. Es macht Spaß, die Entwicklung zu beobachten und den Erfolg der anderen mitzufeiern.

Großzügigkeit heißt auch, andere zu empfehlen. Ich bin sehr dankbar für die Großzügigkeit von Trainerkollegen, die mich zu Beginn meiner Selbstständigkeit ihren Auftraggebern empfohlen haben und heute noch empfehlen. Diese Kollegen waren selbstbewusst genug, mich nicht als Konkurrentin zu fürchten, sondern als Kollegin zu schätzen und zu fördern. Ich nutze die Gelegenheit, mich bei ihnen herzlich zu bedanken. Großzügigkeit entsteht:

- aus dem Vertrauen, dass die anderen mir nichts wegnehmen werden,
- aus dem Wissen um das eigene Können und die damit verbundene Selbstsicherheit,
- aus dem Spaß an Zusammenarbeit, Partnerschaft und gesunder Konkurrenz,
- aus der Erfahrung, dass alles zu mir zurückkommt, Schlechtes wie Gutes.

Was mir dabei einfällt: Wir sollten Großzügigkeit nicht mit Almosen verwechseln. Was ist der Unterschied? Almosen sind Gewissensberuhiger, Großzügigkeit ist eine Lebenseinstellung. Wenn wir einen Euro in den Klingelbeutel für die armen Kinder in Südamerika werfen, ist das ganz nett. Wir müssen aber aufpassen, dass wir uns nicht »gut« dabei fühlen und Dankbarkeit dafür erwarten.

Aber wenn wir darauf achten, Kaffee nur aus »Fair trade« zu kaufen, also von Unternehmen, die den Kaffeebauern in Südamerika faire Preise für ihre Kaffeebohnen zahlen, dann akzeptieren wir deren Bedürfnisse und unterstützen gleichzeitig, dass sie ihre Kinder ernähren und in die Schule schicken können. Wir akzeptieren den Anspruch auf gerechte Preise und sind bereit, dafür von unserem Wohlstand wenigstens ein bisschen abzugeben. Ich persönlich kann mich nicht über Nachrichten freuen wie »Kaffeepreise sinken«, seit ich einen Film über das harte Los von Kaffeebauern in Ecuador gesehen habe, denn für die bedeutet jeder Cent Leben. Geiz ist nicht geil.

In dem Zusammenhang hat Großzügigkeit auch etwas mit Ehrlichkeit zu tun, indem ich beispielsweise zugebe, dass mein Wohlstand auch etwas mit der Ausbeutung der Dritten Welt, ihren Rohstoffen und Bodenschätzen zu tun hat. Wenn ich weiß, was westliche Unternehmen in Dritte-Welt-Ländern anrichten, wie westliche Länder korrupte Regime unterstützen und nach wie vor Waffen und Tretminen liefern, dann erscheint meine Großzügigkeit als das Mindeste, was ich tun kann. Zu mehr kommen wir im Kapitel »Mut«.

Doch zurück zu unseren alltäglichen Gelegenheiten, uns großzügig zu verhalten. Beispielsweise bei Lob und Kritik. Im Schwäbischen gibt es ein Sprichwort: »Nicht gemeckert ist gelobt genug!« Eine wahrhaft geizige Einstellung. Das Gegenteil von Großzügigkeit.

Loben öffnet Herzen, Lob gibt Achtung und Wertschätzung weiter. Lob zeigt den anderen: Ich nehme euch wahr, ich nehme euch ernst und ich schätze, was ihr tut. In der Zeitschrift *Eltern* gab es vor vielen Jahren einmal eine Aktion »Haben Sie heute Ihr Kind schon gelobt?«. Ich würde das gern ausweiten: Haben Sie heute schon Ihren Partner, Ihre Vorgesetzten oder Ihre Kollegen gelobt? Wir alle sind doch Lob-Empfänger. Und ich weiß, was Lob bei mir auslöst: Freude und den Wunsch, dem Lob gerecht zu werden. Der Schlüssel zur Motivation.

Wir können einige Grundregeln beachten, wenn wir loben, damit wir wirklich überzeugend rüberkommen:

- Handlungen loben, nicht die Person an sich. Also statt »Du bist klasse« lieber »Prima, wie du das gemacht hast.«
- Situationsnah loben, also gleich, nicht Wochen später.
- In der Wortwahl nicht übertreiben, also statt »einzigartig, unvergleichlich« lieber »Ich bin sehr zufrieden« oder »Gut gemacht«.
- Das Lob nicht mit einem neuen Auftrag verbinden, das schürt sonst Misstrauen, »Die lobt nur, wenn sie etwas will ...«

Warum tun sich viele Menschen mit Loben so schwer? Aus meinen Seminaren weiß ich: Viele gönnen dem anderen nicht das gute Gefühl. »Päh, der lobt mich ja auch nie.« Andere glauben, dass zu viel Lob übermütig macht. »Dann schmeißen die doch sofort die Arbeit hin.« Ach, je.

Nach Vorträgen werde ich oft angesprochen: »Entschuldigen Sie, Sie hören das ja wahrscheinlich oft. Ich traue mich kaum, es zu sagen, aber es hat mir gefallen, wie Sie ...« Ja, mehr davon!!! Warum stelle ich mich auf Bühnen? (Okay, ich bin jung und brauche das Geld …) Ich will ehrlich sein: vor allem, um ein Feedback zu bekommen. Warum gebe ich jedes Mal mein Allerbestes? Damit mein Publikum die Begeisterung widerspiegelt. Wie schrecklich wäre es, wenn alle rausgingen und dächten, na, die weiß ja, dass sie gut ist, muss ich ihr ja nicht sagen.

Wer Lob vorenthält, nimmt dem anderen die Chance, sich zu freuen und sich weiter zu bemühen. Das gilt ganz besonders im Umgang mit Kindern. Sie leben in einer fehlerzentrierten Umgebung. Jeder Fehler im Diktat wird angekreuzt; falsch, falsch, falsch steht neben den Rechenaufgaben. Wenigstens wir Eltern, Großeltern oder Tanten und Onkel sollten die magische Kraft des Lobens nutzen. Können Sie sich vorstellen, was in einem Kind vorgeht, das alle seine Kraft zusammengenommen hat, um sein Kinderzimmer aufzuräumen (eine elende Arbeit, geben wir es doch zu!), und dann kommen wir herein und sehen natürlich mit unseren Mutter-Adler-Augen als Erstes die Socken, die noch unterm Stuhl liegen. 90 Prozent positives Bemühen wird kaputtgemacht mit dem Hinweis auf 10 Prozent Unvollkommenheit.

Seid großzügig Eltern und Verwandte, achtet und beachtet das Bemühen,
- pünktlich zu kommen,
- sauber zu schreiben,
- die Küche aufzuräumen,
- gut in der Schule zu sein.

Erwartet keine Super-Kiddis, gebt den Kindern eine Chance. Legt den Fokus auf die positive Entwicklung, erinnert euch an eure eigene Kindheit und seid sicher, dass selbstbewusste, fröhliche Kinder ihr Leben meistern werden, auch wenn sie keine Einserschüler und Vorzeige-Objekte sind. Nirgendwo ist Großzügigkeit besser angewandt!

Zum Thema Kritik: Es kann auch von Geiz zeugen, gar keine Kritik zu geben, Menschen nicht mal für wert zu finden, ihnen zu helfen, besser zu werden, Fehler zu vermeiden. Kritik kann ein Geschenk sein, wenn sie wohl gemeint ist. Uns macht es aber oft Angst, andere Erwachsene zu kritisieren. Was, wenn die beleidigt reagieren? Hier ein paar Tipps, wie Ihre Kritik gut rüberkommt:

1. Geben Sie Ich-Botschaften, anstatt vernichtende »Immer-machst-du«-Schläge zu verteilen:
   »Mir hat es gefallen, wie Sie ..., weniger, wie Sie ...«
   »Ich fände es besser, wenn ...«
2. Achten Sie auf Wertschätzung: Bei aller Ehrlichkeit – Ihre Wortwahl soll trotz aller Kritik Achtung ausdrücken:
   Statt: »Was hast du dir denn dabei nur wieder gedacht?«
   Besser: »Mir ist nicht klar geworden, warum du ...?
3. Beziehen Sie sich aufs Handeln, nicht auf die Person:
   Statt: »Du bist einfach unmöglich.«
   Besser: »Ich fand es peinlich, wie du ... behandelt hast.«
4. Zeigen Sie Alternativen auf:
   Statt: »Das versteht doch kein Mensch!«
   Besser: »Ich denke, die Argumente werden noch deutlicher rüberkommen, wenn Sie die Struktur so ... ändern.«

5. Denken Sie immer daran, Feedback ist auch eine Botschaft über uns selbst. Ihr Feedback sagt immer auch etwas über Sie selbst aus, was Sie mögen, was nicht; woran Sie gewöhnt sind, was Sie bevorzugen.

Wenn ich akzeptieren kann, dass Kritik ein Mittel ist, um besser zu werden, Fehler zu vermeiden, mich zu entwickeln, dann kann ich auch selbst Kritik viel besser annehmen und sie als Geschenk betrachten. Einem Menschen bin ich es wert, dass er sich mit mir auseinandersetzt (wir sprechen von konstruktiver Kritik, okay?). Auch wenn mir kurzfristig die Schamröte ins Gesicht steigt, bekomme ich trotzdem etwas geschenkt: eine Chance. Bedanken Sie sich für dieses Geschenk, anstatt den anderen anzublaffen. Freuen Sie sich über die Großzügigkeit des anderen, anstatt sofort in eine Rechtfertigungsposition zu flüchten.

Großzügigkeit heißt aber auch, mit mir selbst liebevoll umzugehen. Meinen »inneren Kritiker« in Schach zu halten, ihm nicht zu erlauben, mich niederzumachen und zu beschimpfen. Eine Studie der University of Arkansas hat ergeben, dass Menschen, die sehr streng Rückschau halten und die eigenen Fehler kritisch betrachten, zu Selbstvorwürfen neigen: »Das hätte mir nicht passieren dürfen ...« »Wie konnte ich nur ...?«

Diese Selbstvorwürfe führten bei den Testpersonen leider nicht dazu, dass Handlungsweisen umgestellt wurden, sondern lediglich dazu, dass sie sich schuldig fühlten. Die Forscher empfehlen deshalb stattdessen: »Statt sich ständig Vorwürfe zu machen, sagen Sie sich, dass Sie die Vergangenheit nicht ändern können, dass Sie sich aber verzeihen und nach vorne schauen können.« Das passt zu einer Studie, die ich vor Jahren einmal gelesen habe, die besagte, dass Scham der größte Energiefresser ist. Wer sich selbst nicht verzeihen kann, raubt sich Energie und Lebensfreude.

Großzügigkeit bedeutet also auch versöhnen. Mich mit mir, mich mit anderen. Die Hand zu reichen nach einem dummen Streit. Den Anfang zu machen nach einer verletzenden Pause. Gönnen Sie sich das Gefühl, mit sich selbst, mit anderen und mit der Welt im Reinen zu sein.

Das Symbol für Großzügigkeit: die offene Hand
Wer großzügig ist, öffnet Tür und Herz für andere.

Übungen
Konzentrieren Sie sich in den nächsten vier Wochen auf folgende Fragen:
1. Woche: Wem überlasse ich etwas, was ich gerne hätte?
2. Woche: Was bedeutet Kritik für mich, als Gebende, als Nehmende?

3. Woche: Was muss ich mir noch selbst verzeihen?
4. Woche: Wem kann ich was verzeihen?

Schreiben Sie Ihre Beobachtungen in Ihr Gelassenheits-Tagebuch.

Morgenmeditation
Was bedeutet heute Großzügigkeit für mich?

Abendbilanz
Wo war ich heute großzügig, wo nicht?

Wunsch
Ich achte darauf, anderen etwas zu gönnen und zu geben.

ACHTER SCHLÜSSEL

Hingabe

Liebe zum Tun entwickeln

Gelassenheit hat nichts mit in der Ecke stehen und zuschauen zu tun, sondern bedeutet, mitten im Leben stehen, sich auf Erfahrungen einlassen, genießen, riskieren. Mit Leib und Seele dabei sein. Ein Schlüssel zur Gelassenheit ist Hingabe, ein Wort mit Verheißung. Es besitzt nicht den gefährlichen Aspekt der Leidenschaft und ist sinnlicher als Begeisterung. Hingabe ist eine Lebenseinstellung. Sie wird gestützt von den anderen Schlüsseln wie Achtsamkeit, Großzügigkeit und Vertrauen.

Hingabe – wenn Sie dieses Wort denken, es mit ausströmendem Atem sprechen, spüren Sie da auch diesen leichten Kitzel, den leichten Schwindel im Kopf? Ein Wort der Leichtigkeit und Lebenslust. Hingabe können wir dem gesamten Leben gegenüber entwickeln: der Liebe, unseren Aufgaben und Herausforderungen, dem Beruf, der Natur, einem Hobby, unseren Partnern und Freunden gegenüber. Hingabe ist ein Versprechen, für tiefe Empfindungen und nachhaltige Erlebnisse. Kein Begriff für Instant-Leben.

Als ich mich noch nicht mit diesem Begriff beschäftigt hatte, dachte ich bei Hingabe immer an eine kleine, brave Frau, die selbstlos alles tut, um ihren Gemahl glücklich zu machen. Ein Schwarz-Weiß-Bild aus einer Fünfziger-Jahre-Heimatschnulze. Nicht gerade ein Bild zum Nacheifern.

Was für ein Irrtum. Hingabe, das weiß ich heute, ist die Grundlage für erfülltes Leben und Arbeiten. Hingabe bedeutet: mich einlassen auf dieses Abenteuer Leben, Handbremsen lösen, die Skepsis ablegen, eins werden mit den Dingen, die ich tue. Natürlich müssen wir nicht jeden Handschlag mit Hingabe tun, nicht alles lieben, was wir erledigen müssen. Finanzbeamte zu lieben beispielsweise fällt schwer (wenn es nicht gerade ein besonders netter Finanzbeamter ist). Manche Aufgaben nerven uns einfach nur, sie müssen trotzdem getan werden. Aber das, was uns wirklich wertvoll ist, verdient unsere ehrliche Hingabe. Haben Sie schon einmal Menschen beobachtet, die sich mit Hingabe einem Hobby widmen? Oder ihrem Kind, ihrer Berufung, sei dies nun Musik oder die Pflege von Menschen?

Stichwort Pflege, sofort fällt mir Mutter Theresa ein: Hingabe ist das Wort, das ihre Arbeit beschreibt. Nicht zu verwechseln mit Aufopferung. Mutter Theresa hat sich bestimmt nicht als Opfer gesehen, im Gegenteil, sie war eine handelnde, aktive Frau, die sich einsetzen konnte für ihre Sache. Sie ist mit Hingabe ihrer Berufung gefolgt, das hieß auch mit klaren Worten und Forderungen an andere.

Noch einen anderen Zusammenhang gibt es: Hingabe und Charisma hängen eng zusammen, das ist mir erst vor kurzem klar geworden. Sehen wir uns Menschen an, die als charismatisch gelten: Nelson Mandela, Louis Armstrong, Florence Nightingale, Martin Luther King, Marilyn Monroe, Mahatma Gandhi, die Callas, Willy Brandt. Alles Menschen, die man niemals für coole Karrieristen halten würde, sondern Menschen, die sich mit Hingabe ihrer Aufgabe gewidmet haben. Das waren keineswegs perfekte oder gar bessere Menschen. Auch sie hatten Fehler, hatten ihre Probleme. Aber ihre Ausstrahlung war gewaltig.

Der Psychologe Bernd Hohmann hat mir das Geheimnis von Stars einmal so erklärt: »Zwischen Star und Publikum herrscht beidseitige Liebe. Ungetrickste, ehrliche Liebe. Das Publikum liebt seinen Star, na klar. Aber der Star liebt auch sein Publikum. Er gibt ihm alles, sein Können, seine Gefühle, seine ganze Kraft.«

Das heißt, er gibt sich hin bis zur Erschöpfung, hält keine Reserven zurück. Schwitzt vier Liter Wasser aus, ist anschließend zum Umfallen kaputt, aber glücklich. Dieser Mensch lässt sich auf dieses ganz besondere Liebesverhältnis ein. Wenn Sie schon einmal ein Konzert mit einem solchen Star erlebt haben, das Sie »umgehauen« hat, in dem auch Sie haltlos gekreischt oder gejubelt haben, dann wissen Sie, was Hingabe an den Beruf, beziehungsweise an die Berufung ist. Und was den Star vom Möchtegern- oder Retorten-Star unterscheidet.

Natürlich fallen uns beim Thema Hingabe vor allem Menschen ein, die berühmt sind, weil wir sie alle kennen. Doch stöbern Sie einmal in Ihrer Erinnerung, wen Sie aus Ihrer Familie kennen, Ihrer beruflichen Umgebung, der sich mit Hingabe einer Sache verschrieben hat? Manchmal lächeln wir über solche Menschen: den Onkel, der die Liliputwelt um seine elektrische Eisenbahn bis ins Detail gestaltete. Die Tante, die ihre Blumenbeete pflegte wie einen Schatz. Die Buchhalterin, die nächtelang nach dem einen Pfennig suchte, der in der Bilanz fehlte. Bei Hingabe fallen uns Taubenzüchter ein und Orchideensammler, Fußballverrückte und Naturliebhaber, Ökofreaks und Erfinder. Alle haben etwas mit Liebe zu tun, mit Liebe zu dem, was ihnen am Herzen liegt.

Gerade neulich habe ich im Fernsehen eine Reportage über ein Dutzend junger Menschen gesehen, Anhänger vom Bundesligaclub VfB Stuttgart. Anlässlich eines wichtigen Champions-League-Spiels haben sie unter unglaublichem Aufwand die größte Vereinsfahne der Welt gebastelt. Man sah sie, wie sie auf den großen Augenblick warteten, dass die Menschen im Fanblock die Fahne langsam über sich ausbreiteten. In den Gesichtern erkannte ich – reine Hingabe. Mit jeder Körperzelle waren sie bei der Sache, und dann dieser Gesichtsausdruck, als die Fahne ausgebreitet war, genauso, wie sie es sich vorgestellt hatten – Hingabe pur. Anschließend hüpften sie über die Tartanbahn wie die kleinen Kinder, lagen sich in den Armen. Es war schön zu sehen.

Ich wünschte uns allen ein hohes Maß dieser Hingabe bei unserem Tun. Und ich finde es arm, solche Menschen als Spinner zu diskriminieren, oder andere, die sich noch für eine bessere Welt engagieren, als »Gutmenschen« niederzumachen, was gerade zynische Journalisten gern tun. Ich wünschte mir mehr Menschen, die sich mit Liebe ihrem Beruf widmeten, auch Unternehmenschefs oder Politiker. Hingabe bedeutet nämlich in erster Linie, etwas zu geben, und nicht nur zu schauen, was ich kriegen kann.

Hingabe ist vielleicht im Moment unter den gängigen Managementmoden nicht »angesagt«, aber ich bin sicher, dass uns dieses Thema die nächsten Jahre beschäftigen wird. Nur mit Hingabe sind Ideen zu kreieren, sind Erfindungen zu machen, sind Menschen zu begeistern – und das hat nichts mit Altruismus zu tun. Denn: Hingabe lohnt sich! Hingabe zahlt sich aus, bringt gute Ergebnisse, ist erfolgsorientiert! Ich habe die Erfahrung gemacht: Es kommt alles zurück im Leben, das Gute wie das Böse. Und wenn ich der Welt etwas gebe, dann gibt sie mir auch etwas zurück. Wenn ich mich auf die Menschen einlasse, dann entstehen energiereiche Beziehungen. Ziemlich gelassen, diese Einstellung, finden Sie nicht?

Bleiben wir bei Hingabe im Beruf. Die große Marlene Dietrich hat einmal gesagt: »Ich bin ungeduldig mit Menschen, die ihren Job nicht beherrschen. Was man arbeitet, sollte man beherrschen, sonst sollte man nach Hause gehen und etwas anderes tun.« Wie oft denke ich an den Satz, wenn ich Menschen begegne, die ihren Beruf offensichtlich hassen oder er sie unendlich langweilt. Und wie inspirierend sind auf der anderen Seite Menschen, die ihren Beruf mit Hingabe ausüben:

- Verkäufer/innen, die uns mit Begeisterung helfen, das Richtige zu finden, gut informiert, sachkompetent und freundlich. Und die nicht das Gesicht verziehen, wenn sie zum dritten Mal ins Lager gehen müssen, um uns etwas zu holen.
- Kellner/innen, denen es Spaß macht, uns zu verwöhnen, uns die Wünsche von den Augen abzulesen. Denen kein Weg zu viel wird. Da reut mich hinterher an der Rechnung kein Euro.
- Ärzte/Ärztinnen, die uns nicht das Gefühl geben, Patient Nummer 1478 zu sein, sondern in diesem Augenblick der wichtigste Mensch auf der Welt. Die uns tatsächlich zuhören und uns nicht vorrechnen, was sie das jetzt wieder kostet ...
- Lehrer/innen, die Kinder mögen, die sich engagieren und dafür auch bereit sind, mal fünf Minuten länger als vorgeschrieben in der Schule zu bleiben. Und die Eltern nicht als lästige Störenfriede ansehen, sondern als Verbündete.

Liebe zum Tun entwickeln

Solche Menschen gibt es, und es macht Freude, sie bei der Arbeit zu erleben. Ich sprach mit einer Freundin über diese Art, seine Arbeit zu erledigen. Skeptisch meinte sie: »Leider hat die Verkäuferin nichts davon, wenn sie mit ihrer Freundlichkeit mehr Umsatz macht.«

Ich widersprach: »Doch sie hat etwas davon, Zufriedenheit, das Gefühl, gut zu sein, nette Gespräche, das Fehlen von Langeweile und Frust. Sie ist ein glücklicher Mensch.«

Hingabe ist eben mehr als die Aussicht, Geld zu verdienen (wobei ich finde, dass Verkäuferinnen ruhig am Umsatz beteiligt werden sollten). Was zeichnet Hingabe im Beruf aus?

- Sinn in meinem Tun entdecken
- Das machen, was ich gerne mache
- Die Menschen mögen, mit denen ich zu tun habe
- Den Ehrgeiz entwickeln, beste Ergebnisse zu liefern
- Der Wunsch, etwas Besonderes zu schaffen
- Meine Energie einzusetzen
- Verantwortung für meine Arbeit zu übernehmen

Um den letzten Punkt aufzugreifen: Wenn ich meinen Job mit Hingabe mache, dann übernehme ich Verantwortung für das, was ich tue. Dann entschließe ich mich, aus jedem Tag das Beste zu machen. Dazu gehört auch das Wissen, dass acht Stunden schneller vorbeigehen, wenn ich Freude an meiner Arbeit habe. Sie kennen sicher den Begriff »Flow«. Man sagt, dass man in den »Flow« kommt, wenn man sich in einer Aufgabe zeitweise verliert. Wenn man wieder auftaucht, hat man die Zeit völlig vergessen. Ich bin überzeugt, dass »Flow« an Hingabe gebunden ist.

Ich habe beobachtet, dass die Fähigkeit zur Hingabe nichts mit der vermeintlichen Attraktivität oder dem Status der Arbeit zu tun hat. Oder wie mir einmal ein sehr erfolgreicher Geschäftsführer eines großen Unternehmens über sein Engagement gesagt hat: »Wenn die sagen würden, ab morgen bist du der Parkplatzwächter in diesem Unternehmen, dann würde ich aus diesem Parkplatz den fantastischsten Parkplatz der Welt machen.« Das ist Hingabe.

Sie kennen vielleicht Tom Sawyer, die Buchfigur von Mark Twain. Erinnern Sie sich noch an die Stelle, wo der Bursche von seiner Tante den Auftrag bekommt, den Zaun zu streichen, obwohl er sich doch viel lieber mit seinen Kumpels getroffen hätte? Und wie er es schafft, aus dieser Strafarbeit eine unglaubliche Ehre zu machen, er »verkauft« diese Arbeit mit so viel Hingabe, dass seine Freunde ihm sogar etwas dafür geben, dass sie auch einen Teil des Zaunes streichen dürfen. Eindrucksvoll.

Wenden wir uns der nachteiligen Seite von Hingabe zu. Gibt es die? Auf jeden Fall fürchten viele Menschen sie. Sie möchten nicht zu viel »Herzblut« in eine Sache stecken, weil man ja nicht weiß, wie es weitergeht. Oder sie haben Angst, dass die anderen sie als Streber beschimpfen. In einem Bericht in der Zeitschrift *Psychologie heute* beschreibt Klaus Boehnke, Professor für Social Science Methology an der International University Bremen, das Phänomen des Strebers: »Doch warum ist Leistung als solche in Deutschland sozial so unbeliebt? Vielleicht deshalb, weil man durch Leistung aus der Masse der anderen herausragt. Dies war in Deutschland spätestens seit dem

Erstarken Preußens nicht beliebt ...« Er erklärt, dass das Wort »Streber« im 16. Jahrhundert für Widersacher stand, ab dem 18. Jahrhundert den »karrieresüchtigen Beamten« bezeichnete. Und dann im Studenten- und später im Schülermilieu Eingang fand. Boehnke: »Das Mitläufertum war die Norm und ist ... wohl immer noch die ... erwünschte Geisteshaltung.« Auch in Unternehmen, füge ich hinzu.

Ich weiß von vielen Menschen, dass sie Angst haben, sich zu stark zu engagieren und sich damit aus der Masse abzuheben. »Die anderen denken dann vielleicht, ich will mich beim Chef lieb Kind machen. Oder mich einschleimen.« Und sie haben Recht. Genau solche Reaktionen kann man in Unternehmen beobachten. Armes Deutschland.

Müssen wir uns deshalb unsere Hingabe fürs Hobby aufheben oder für den Haushalt, damit man »vom Fußboden essen« kann? »The world is too round to sit silently in the corner«, diesen Spruch fand eine Seminarteilnehmerin neulich auf dem Frühstücksei ihres Hotels. Ja, die Welt ist zu rund, um still in der Ecke zu sitzen, um sich zu bescheiden und zu beherrschen. Wir haben unsere Fähigkeiten und Talente bekommen, um sie auszuleben, uns auszuprobieren. Das Leben ist auch zu kurz, um mit gebremstem Schaum hindurchzueiern.

Hingabe ist das Zauberwort für Intensität. Nicht nur in der Arbeit, sondern im gesamten Leben. Es hat damit zu tun, wie viel Zeit ich mir für etwas nehme, wie viel Sorgfalt ich walten lasse, wie wichtig mir etwas ist. Das gilt fürs Kochen wie fürs Essen. Es zeigt, wie wichtig ich mich nehme. Ob es mir reicht, mir irgendetwas eilig reinzuschaufeln, oder ob ich es mir wert bin zu genießen. Ob ich dafür sorge, mich gesund zu ernähren, oder ob es mir egal ist. Hingabe ist auch Wertschätzung, für mich selbst und andere.

Das gilt auch für Beziehungen. Hingabe heißt in der Beziehung im übertragenen Sinne, Schutzzäune um unsere Gefühle abzubauen, Versicherungen für die Zukunft zu kündigen. Ich gebe mich hin, aber ich weiß, dass ich auch das Risiko trage. Da hilft mir kein Standesamt und kein Eheversprechen. Ich weiß, ich habe nur eine 50-Prozent-Chance, dass meine Glückserwartung erfüllt wird, das zeigen die Scheidungszahlen. Na gut, dann setze ich eben den Fifty-Fifty-Joker.

»Vernunftehen« haben immer schon gut gehalten, aber will ich so etwas? Es gibt keine Garantie auf Glück, aber ich bleibe garantiert allein, wenn ich nichts riskiere. Und wenn es vorbei ist, dann ist es vorbei. Dann freue ich mich über jedes Jahr, in dem ich mit ihm/ihr glücklich war. Das ist jedenfalls gelassener, als aus Furcht vor einem Ende mich gar nicht erst einzulassen. Wir alle wissen: Liebe ist ein empfindliches Gut, Liebe muss gepflegt werden, und das braucht Hingabe.

Mich schaudert es oft, wenn ich mitbekomme, wie Partner in der Öffentlichkeit miteinander umgehen. Lieblos, nicht neckend, sondern schmähend. Erschreckend, was sie sich antun, aber auch, was sie sich gefallen lassen. Vor längerer Zeit sah ich beim Friseur eine junge Frau, die sich strahlend im Spiegel betrachtete: »Ja, das gefällt mir.« Dann verdüsterte sich ihre Miene und sie fügte hinzu: »Aber mein Freund wird wieder schimpfen.« Und ich frage mich, warum lässt diese Frau zu, dass ihr Freund mit ihr schimpft? Hingabe heißt für mich eben nicht, mich selbst aufzugeben, mich zurückzunehmen, mich von dem anderen beherrschen zu lassen. Gelassenheit ist nicht Alles-mit-sich-machen-Lassen, sondern Alles-machen-Können.

Hingabe heißt Engagement, manchmal auch streiten, dass die Fetzen fliegen. Menschen entwickeln sich nicht durch Harmonie, ein wunderbares Wort, das aber oft wie eine fettige Soße über alles geschüttet wird. Streiten bedeutet doch, dass mir der andere wichtig genug ist, mich mit ihm auseinanderzusetzen. Wenn ich nicht mehr streite, dann muss ich mir Sorgen machen. Die meisten Ehen gehen nicht an der Auseinandersetzung zu Grunde, sondern an der Sprachlosigkeit. Gelassenheit zeigt sich nicht in der Konfliktscheu, sondern darin, dass ich meine Meinung vertrete, ohne den anderen verletzen zu wollen oder gar mich zu »rächen«. Gelassenes Streiten bleibt bei der Sache.

Mit Hingabe streiten können, welch ein Glück. Mit Hingabe für etwas kämpfen, welch ein Glück. Mit Hingabe meinen Kindern Grenzen setzen, welch ein Glück. Kindern kann nichts Schlimmeres passieren, als keine Grenzen gesetzt zu bekommen. Gelassenheit in der Kindererziehung. Ja, das wünsche ich mir. Raus aus diesem »Laissez faire«-Gefühl, das manche Eltern an den Tag legen. Natürlich darf ich mich über das Verhalten meiner Kinder aufregen und konsequent handeln. Hingabe bedeutet, dass mein Kind mir wichtig ist. Woran erkennt man das?

- Wenn Eltern auf Fragen ihrer Kinder nicht immer nur antworten: »Weiß ich nicht.«
- Wenn Väter, die Zeitung lesen, auf alles, was ihr Kind sagt, nicht nur mit »Mhm« antworten, sondern die Zeitung weglegen und sich ihrem Kind zuwenden.
- Wenn Eltern, die mit ihrem Kind im Zug fahren, es nicht tausend Mal das Gleiche fragen lassen, sondern ihm antworten.
- Wenn Eltern auf ihr weinendes Kind eingehen und ihm nicht nur den Schnuller reinschieben.

Okay, ich bin selber Mutter. Ich weiß, dass man irgendwann erschöpft ist und nicht mehr kann. Aber ich glaube nicht, dass es nur daran liegt, wenn man beispielsweise täglich in der Stadt beobachten kann, wie Kinder »mitgezerrt« werden. Nein, ich behaupte, dieses ewige Genervtsein hat etwas mit fehlender Hingabe zu tun. Wenn man sich für ein Kind entschieden hat (oder das Glück hatte, eins zu bekommen), dann sollte dieses Kind das Wichtigste in meinem Leben sein. Jedenfalls solange ich mit ihm zusammen bin. Lasse ich es von jemand anderem zeitweise betreuen, weil ich in meinem Leben noch etwas anderes tun will oder muss, dann werde ich dafür sorgen, dass es für diese Person in dieser Zeit das Wichtigste auf der Welt ist.

Etwas mit Hingabe zu tun heißt, es ganz zu tun. Wenn ich mich nicht darauf einlassen möchte, dann muss ich es lassen. Wenn ich es nicht lassen kann, weil ich Verpflichtungen habe oder das Geld brauche, dann muss ich Hingabe dazu entwickeln. Alles andere ist Pillepalle, wie mein Sohn sagen würde.

Ich bin übrigens überzeugt davon, dass jede Aufgabe, die wirklich gemacht werden muss, und sei sie noch so öd, mit Hingabe mehr Spaß macht. Nach dem Motto: »I do my very best!« Das ist ein großer Schritt zur Gelassenheit.

Das Symbol für Hingabe: das Herz
Hingabe bedeutet, etwas ganz und gar zu wollen und ganz und gar zu tun.

Übungen
Konzentrieren Sie sich in den nächsten vier Wochen auf folgende Fragen:
1. Woche: Was tue ich mit Hingabe?
2. Woche: Wen kenne ich, der etwas mit Hingabe macht, was kann ich von ihr oder von ihm lernen?
3. Woche: Wo kann ich im Job mehr Hingabe zeigen?
4. Woche: Wo kann ich in meiner Beziehung, mit meinen Kindern mehr Hingabe zeigen?

Schreiben Sie Ihre Beobachtungen in Ihr Gelassenheits-Tagebuch.

Morgenmeditation
Was bedeutet heute Hingabe für mich?

Abendbilanz
Wo war heute meine Hingabe?

Wunsch
Ich achte auf die Intensität meines Handelns.

NEUNTER SCHLÜSSEL

Humor

Der Mittelpunkt der Lebensfreude

Sie können ein Lachseminar besuchen, wenn Sie etwas für Ihre Lebensfreude tun wollen. Sie können jeden Morgen vor dem Spiegel die Mundwinkelakrobatik des Lächelns üben, um fröhlich zu werden (soll tatsächlich helfen). Sie können aber auch etwas für Ihre innere Heiterkeit tun.

Denn Gelassenheit ohne Heiterkeit gibt es nicht. Und da kommen wir schon zur Definition von Humor, wie ich ihn sehe: Ich meine nicht das höfliche Verkaufslächeln, das zur Maske erstarrt ist (und das man schnell erkennt, weil die Augen nicht dabei sind). Es geht nicht um Schadenfreude, um Lachen über das Missgeschick anderer. Humor ist die Art, wie man auf die Welt blickt, auf sich selbst, auf eigene Erfolge und Misserfolge, auf eigene Stärken und Schwächen.

Humor kann laut oder leise sein. Ich kann in meinem Kämmerchen vor mich hin grinsen, ich kann über bestimmte Stellen in einem Buch kichern oder mit Freunden herrlich laut und ungezügelt über lustige Geschichten wiehern. Hauptsache ist: dass mir das Lachen nicht auf Dauer vergeht.

Der Designer Philippe Starck hat einmal in einem Interview mit der *Welt am Sonntag* gesagt: »Die zwei wichtigsten Eigenschaften sind für mich, im Französischen ist es fast dasselbe Wort, l'humour und l'amour. Also Humor und Liebe. Damit ist alles gut. Liebe ist der Mittelpunkt unserer Seele, Humor der Mittelpunkt unseres Geistes. Wenn einer nur mit Liebe arbeitet, ist das zwar sehr schön, aber vielleicht doch ein bisschen langweilig. Und nur Humor, das wäre Zynismus.«

Humor braucht die Liebe, Liebe braucht den Humor, und beides zusammen erzeugt Heiterkeit, dieses Gefühl, das uns die Gewissheit gibt, dass das Leben gut ist, »wie immer es auch sei«, wie Altmeister Goethe einst dichtete. »Gott schütze mich vor Katastrophen und Menschen, die nicht lachen können.« Das fällt mir beim Thema Humor als Erstes ein. Wahrscheinlich ebenfalls der Ausspruch eines berühmten Menschen, es könnte aber auch mein Lebensmotto sein. Ich könnte noch ein Dutzend ähnlicher Sinnsprüche liefern wie »Ein verlorener Tag ist ein Tag, an dem du nicht gelacht hast« oder »Ein Lächeln ist die kürzeste Verbindung zwischen zwei Menschen« (nochmals Goethe).

Wahrscheinlich habe ich meinen Hang zum Lachen, zum Fröhlichsein, zu einer ganz und gar positiven Lebenseinstellung von meiner Großmutter geerbt. Sie ist knapp 99 Jahre alt geworden und war gerade im Alter einer der heitersten Menschen, die ich je getroffen habe. In fröhlichen Familienrunden saß sie bis weit nach Mitternacht dabei, und konnte über lustige Geschichten immer noch Tränen lachen. An ihrem 98. Geburtstag, im Rollstuhl sitzend, schnappte sie sich die Pfeife ihres Sohnes und tat so, als wenn sie rauchen würde. Grinsend posierte sie für die Fotografen. Heiter ist auch meine Mutter. Immer fröhlich, nie jammernd, für jeden Spaß zu haben. Und auch ihr Leben war alles andere als ein Zuckerschlecken.

»Wenn du lachen kannst, bist du der Herrscher der Welt«, sagt Roberto Benigni, der italienische Komödiant, der mit dem Film *Das Leben ist schön* 1999 einen Oscar gewann. Alle drei Beispiele zeigen mir, dass Humor und Heiterkeit über alle Schrecknisse der Welt hinaus Bestand haben können. Dass mich Heiterkeit auch durch schwierige Phasen meines Lebens tragen kann. Und da lassen wir uns unsere gute Laune durch Steuernachzahlungen und schlechtes Wetter klauen? Das kann doch nicht wahr sein!

Vielleicht hilft uns das Wissen, dass Humor nicht nur »ganz nett« ist, sondern uns gesund erhält. »Gute Laune verlängert das Leben«, haben kürzlich amerikanische Wissenschaftler der Duke University in North Carolina herausgefunden. Heitere Herz-Patienten hatten demnach eine um 20 Prozent höhere Lebenserwartung als weniger fröhliche. Andere Forscher haben herausgefunden, dass Lachen die Schmerzempfindlichkeit senkt. Lachen müsste es auf Krankenschein geben. Übrigens: Erwachsene lachen im Schnitt nur fünfzehn Mal am Tag, Kinder noch mehrere hundert Mal!

Und: Lachen macht schlau. Das hat eine Studie der University of Maryland ergeben. Wer gut drauf ist, zum Beispiel durch das Anschauen lustiger Cartoons, bewältigt schwierige Rechenaufgaben danach viel besser. Der Autor der Studie, Professor Steve Allen, behauptet sogar, dass humorvolle Menschen intelligenter und erfolgreicher sind und schneller die Karriereleiter hochklettern als verbissene Kollegen. Was sagt meine Freundin Barbara, eine erfolgreiche Managerin, immer: »Humor erspart dir eine Woche Konflikttraining.«

Das erinnert mich an eine Untersuchung, die vor Jahren unter Personalleitern durchgeführt wurde. Sie stellten übereinstimmend fest, dass Bewerber/innen mit Humor eher eingestellt würden als Miesepeter. Eigentlich logisch. Denn wer mag schon jeden Tag mit schlecht gelaunten Kollegen zusammenarbeiten? Die uns mit Sprüchen quälen wie: »Wer hier noch lacht, hat die bittere Wahrheit noch nicht erfahren.« Die jedes Wort auf die Goldwaage legen und zum Lachen in den Keller gehen?

Kennen Sie Tarot-Karten? Darin gibt es verschiedene Zeichen mit verschiedenen Zahlenwerten, die verschiedene Bedeutungen haben. Die Karte, die für Gelassenheit steht, ist die Stern-Zwei. Auf der Karte ist ein Clown zu sehen, der zwei Stern-Scheiben jongliert. Ich habe diese Karte schon mehrmals gezogen, oft, wenn ich nach der wirtschaftlichen Zukunft gefragt habe. In einem sehr schönen Deutungsbuch des Tarot-Experten Erich Bauer schreibt er dazu: »Entspannen Sie sich, begegnen Sie dem Leben spielerisch. Selbst wichtige und verantwortungsvolle Dinge erledigen sich leichter, wenn Sie nicht dramatisieren, sondern lächeln ... Haben Sie Angst, wie ein Clochard unter der Brücke zu enden, wenn Sie so weitermachen? Seien Sie bloß kein Narr! ... Wenn Sie über andere lachen, sind Sie selbstgefällig. Wenn die anderen über Sie lachen, sind Sie ein Narr. Wenn Sie über sich selbst lachen können, sind Sie weise.«

Wir alle wissen, dass diese Aussage stimmt, wissen aber auch, dass es Zeit braucht und Reife, um diese Weisheit tatsächlich zu erlangen. Es ist ein Prozess, der mit Lernen und mit Misserfolgen verbunden ist. Direkt neben meinem Bett hängt eine Postkarte, auf die morgens mein erster Blick fällt, wenn ich den Wecker ausstelle: »Erwache und lache!« steht darauf. Darunter ist ein lachender Mann und eine lachende Katze abgebildet. Mein erstes Lächeln ist garantiert.

Lachen können hält also gesund, stärkt das Immunsystem, macht schlau und schafft Brücken zu Menschen. Ich bin überzeugt davon, dass Lachen und Lernen eine wunderbare Symbiose darstellen. Ich erlebe es immer wieder in Seminaren oder Vorträgen: Wenn du Menschen zum Lachen bringst, dann erreichst du ihr Herz. Lachen öffnet. Wer lacht, ist bereit, etwas aufzunehmen. Dabei ist Lachen alles andere als oberflächlich. Wer lacht, hat kapiert.

Was verbindet einen Pessimisten und einen Optimisten? Beide beobachten sehr genau, was auf unserer Erde vorgeht. Beide wissen, dass die Welt nicht vollkommen ist. Beide leiden unter der Unvollkommenheit, unter dem Schmerz der Realität. Was sie trennt: Der Optimist hat beschlossen, sich mit eben dieser Realität zu versöhnen. Er hat beschlossen, trotz alledem einen Sinn in seinem Leben zu finden. Genauso gut hätte er sich entschließen können, die Welt als Fehlgriff, die Menschheit als einen Unfall der Natur zu empfinden, so wie es mir neulich ein bekennender Pessimist erklärte. Er sagte tatsächlich: »Ziel muss es sein, nie wieder auf diese schreckliche Erde zurückkommen zu müssen.«

Wie fern ist mir diese Einstellung: Ich als Optimist habe beschlossen, glücklich zu sein und Freude zu empfinden und diese Freude auch auszustrahlen, Freude zu wecken, in dem minikleinen Kosmos, in dem ich mich bewege. Ich möchte das Beste aus dieser Spanne an Leben machen, in der ich nun mal in dieser Welt zu Hause bin. Ich finde Befreiung im Lachen, finde Leichtigkeit in meiner positiven Lebenseinstellung, überwinde Einsamkeit in der Geborgenheit fröhlicher Runden. Der Optimist braucht die »Heilung« des Lachens gegen die Schrecknisse der Welt.

Heiterkeit hilft auch gegen den Größenwahn, sich für alles, was auf der Erde geschieht, verantwortlich zu fühlen

– Not, Elend, Kriege, Katastrophen, Ungerechtigkeit. Wer sich in Schuldgefühlen verliert, wer sowieso nur das Schlimmste erwartet und sich bei dessen Eintreten bestätigt fühlt, verschließt sich anderen Menschen. Heiterkeit schützt unsere Seele vor Verhärtung und ermöglicht uns eine extrem wichtige Eigenschaft: Mitgefühl. Lachen und Weinen sind tatsächlich nahe beieinander.

Eine Freundin schickte mir vor kurzem eine Karte mit einem Zitat aus dem Buch *Der kleine Prinz*. Darauf steht der Satz, den der Fuchs zum kleinen Prinzen sagt: »Aber wenn du mich zähmst, wird mein Leben wie durchsonnt sein.« Ich liebe das Wort »durchsonnt«, im Original »ensoleillée«. Und ich weiß: Wenn ich Heiterkeit in mein Leben lasse, dann wird es »durchsonnt« sein. Was für eine Verheißung!

Heiterkeit als Heilung hatte ich schon kurz angesprochen. Meine Erfahrung hat mich gelehrt: Humor hilft uns auch, peinliche Situationen zu überstehen. Er hilft, das Gefühl der Scham abzubauen, uns selbst und anderen Fehler zu verzeihen. Mit Heiterkeit kann ich mir und anderen helfen, sich mit der eigenen Unvollkommenheit zu versöhnen. Scham gilt als einer der größten Energiefresser überhaupt. Wenn ich mich für etwas schäme, fühle ich mich gelähmt, entkräftet, machtlos. Schaffe ich es aber, die Scham mit Hilfe von Humor zu überwinden, indem ich mir die Lächerlichkeit der Situation vorstelle und die Bedeutung auf das richtige Maß zurückschraube, stoppe ich die Energiefresser, bekomme neue Power zum Handeln.

Schreiben Sie doch einmal in Ihr Gelassenheits-Tagebuch: Welche peinlichen Erlebnisse treiben Ihnen immer noch die Schamröte ins Gesicht? Welche Fehlhandlungen haben Sie sich immer noch nicht verziehen? Was hätte Ihnen »niemals« passieren dürfen?

Im zweiten Schritt üben Sie sich im Geschichtenerzählen: Beschreiben Sie die Situation jetzt einmal so, als wären Sie nur Beobachter gewesen. Schildern Sie jede Bemerkung, jede Handlung, jede Reaktion. Übertreiben Sie ruhig ein bisschen. Erkennen Sie die Komik in der Situation? Würden Sie lachen, wenn das Erlebnis von Stan und Olly gespielt würde oder von der Filmcrew vom *Schuh des Manitou*? Was ist daran wirklich lächerlich? Ist es nicht an der Zeit, sich langsam zu verzeihen? Und darüber zu lachen?

Natürlich sind oft auch andere beteiligt, wenn uns das Lachen vergeht: Vorgesetzte, die uns demotivieren; Kollegen, die uns nicht mögen; Partner, die uns traurig machen; dazu kommen Sorgen und Probleme. Das Zentralinstitut für seelische Gesundheit (ja, so etwas gibt's) in Mannheim hat herausgefunden, dass sich immer mehr Menschen niedergeschlagen fühlen. Sie beklagen die Aggressivität, den Egoismus, die Gleichgültigkeit und Oberflächlichkeit ihrer Mitbürger. Die Zeitschrift *Psychologie heute* beschreibt dies als »Freudemangelsyndrom«. Das Erstaunliche daran: Es hängt von der Einstellung der Menschen ab, wie sie sich fühlen, weniger von den tatsächlichen Lebensumständen. »Der Körper reagiert auf das, was im Gehirn vor sich geht, er reagiert nicht auf das, was in der Umwelt vor sich geht«, so wird die Forscherin Margaret Kemeny zitiert.

Machen Sie deshalb regelmäßig Seelen-Hausputz. Suchen Sie die Nähe von Menschen, die fröhlich sind. Gehen Sie mit ihnen mittags in die Kantine oder gehen Sie zusammen spazieren. Lassen Sie sich von guter Laune anstecken, ablenken und aufbauen. Hüten Sie sich vor Bedenkenträgern und falschen Tröstern, die Sie noch tiefer ins Elend stürzen nach dem Motto »O Gott, das ist aber wirklich schlimm. Meine Güte, wenn ich an deiner Stelle wäre, würde ich mir die Kugel geben.«

Natürlich verschwinden unsere Sorgen nicht einfach nach einem Abend mit Freunden, an dem wir viel gelacht haben. Aber wir bekommen die Chance, Abstand zu gewinnen, aus der Starrheit zu erwachen, auf kreative Gedanken zu kommen. Wir gewinnen Vertrauen ins Leben zurück und wissen, wir sind nicht allein. Wir können uns sogar ruhig der Illusion hingeben: Alles wird gut. Dann steigen tatsächlich die Chancen, dass wir aus dem Tief herauskommen, weiß die Forschung.

Wir können aber auch ganz für uns aktive »Gedankenhygiene« betreiben und uns auf positive Aspekte konzentrieren. Wenn Sie Ärger im Büro oder in der Partnerschaft haben, überlegen Sie:

- Auf wen freuen Sie sich in der Firma?
- Auf welche Arbeiten freuen Sie sich?
- Auf welche Kunden freuen Sie sich?
- Wofür lohnt es sich, morgen früh wieder hinzugehen?
- Wie wird es sein, wenn Sie die Schwierigkeiten überwunden haben?
- Was mögen Sie an Ihrem Partner/Ihrer Partnerin?
- Warum möchten Sie morgens neben ihm/ihr aufwachen?
- Welche gemeinsamen Aktivitäten machen Ihnen Spaß?
- Womit können Sie sich selbst eine Freude machen?

Wenn Ihnen überhaupt nichts Positives dazu einfällt, dann sollten Sie sich ernsthaft überlegen, Veränderungen herbeizuführen. Wenn Ärger und Kränkungen die Heiterkeit nachhaltig verdrängt haben, dann gehen Sie nach dem »Werden-Sie-Millionär«-Prinzip vor: Setzen Sie den Fifty-Fifty-Joker, fragen Sie das Publikum oder rufen Sie jemanden an. Aber oft »vergessen« wir über unserem Gram einfach die guten Seiten zu sehen, die Freude zu sehen, die wir ja auch noch haben.

Ein Tipp: Wenn Sie mal wieder so richtig sauer sind, weil die Zahnarztrechnung kam oder Ihr Boss Ihre Großartigkeit mal wieder nicht erkannt hat, vergraben Sie sich nicht in Ihrem Ärger, sondern tun Sie etwas für Ihre Lachmuskeln. Gehen Sie zusammen mit einem befreundeten Lachwunder ins Kino. Sehen Sie sich den witzigsten Film an, der in Ihrer Stadt läuft (und meiden Sie jetzt alle »Problemfilme«). Genießen Sie die energiereiche herrliche Entladung, sie wird Ihren Frust hinwegspülen, Schwieriges leichter erscheinen lassen, Ärgerliches lächerlicher. Eine Stunde Lachen ersetzt drei Stunden im Fitnessstudio, habe ich mal gelesen, da Hunderte von Muskeln beteiligt sind, wenn wir uns vor Lachen krümmen.

Und: Lachen macht high. Forscher der Stanford-Universität haben herausgefunden, dass Lachen den gleichen Gehirnbereich aktiviert wie Kokain. Der Botenstoff Dopamin wird beim Lachen ausgeschüttet und erzeugt im »Nucleus accumbens« ein Gefühl der Euphorie. Aber besser, billiger, gesünder und auch noch legal.

Spüren Sie die Macht des Humors auch, wenn es Ihnen gelingt, bei anderen Menschen ein Lächeln aufs Gesicht zu zaubern. Beschenken Sie andere mit Ihrer Heiterkeit, einem Lachen. Lockern Sie Situationen mit einem Scherz. Menschen, die lachen können, sind ein Geschenk. Verschenken Sie sich. Sie wissen doch: »Es kommt im Leben alles zurück, das Gute wie das Schlechte.« Wer Heiterkeit sät, wird Gelassenheit ernten. Und länger leben (für Optimisten ein Ziel). »Eine freundlich-nachsichtige Lebenseinstellung ist die gesündeste Möglichkeit, ein hohes Alter zu erreichen.« So der Wissenschaftler Paul Pearsall.

Symbol für Humor: der Smiley
Ein lächelndes Gesicht lädt uns ein, unser Leben anzunehmen, Freude zu empfinden und uns Menschen zu suchen, mit denen wir lachen können.

Übungen
Konzentrieren Sie sich in den nächsten vier Wochen auf folgende Fragen:
1. Woche: Worüber kann ich lachen?
2. Woche: Wodurch vergeht mir das Lachen?

3. Woche: Wie bringe ich mehr Heiterkeit in mein Leben?
4. Woche: Mit wem kann ich lachen?

Schreiben Sie Ihre Beobachtungen in Ihr Gelassenheits-Tagebuch.

Morgenmeditation
Was bedeutet heute Humor für mich?

Abendbilanz
Worüber konnte ich heute lachen, worüber nicht?

Wunsch
Ich achte darauf, mein Herz in Heiterkeit zu öffnen.

ZEHNTER SCHLÜSSEL

Klugheit

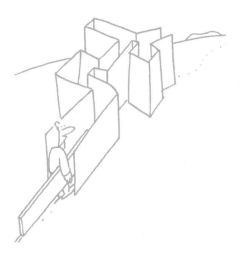

Das Wissen vom Leben

Stellen Sie sich vor, Sie wollen mit dem Zug von Bremen nach Barcelona. Sie können jetzt natürlich einfach irgendwann zum Bahnhof in Bremen gehen und schauen, ob ein Zug fährt. Sie können in irgendeinen Richtung Süden einsteigen, am Zielbahnhof aussteigen und hoffen, dass ein weiterer Zug Sie weiter Richtung Spanien bringt. Sie werden lange Wartezeiten in Kauf nehmen müssen. Manchen Umweg fahren. Es würde ewig dauern? Nur ein Depp würde so handeln? Kann sein.

Manchmal reisen wir so durch unser Leben. Lassen uns von Zufällen leiten, rennen ohne Plan einfach los. Lassen uns manchmal in die Irre schicken, zu Umwegen verführen, landen schon mal auf dem Abstellgleis. Das ist menschlich und das ist normal. Ich unterliege nicht dem Wahn, dass wir alles in unserem Leben in der Hand haben und kontrollieren können. Ich würde Ihnen niemals versprechen: Du kannst alles erreichen und zwar sofort. Aber ich weiß: Wenn wir die Verantwortung für unser Tun übernehmen, wenn wir bereit sind, die Konsequenzen für unser Handeln zu tragen, machen wir einen großen Schritt in Richtung Gelassenheit.

Dazu brauchen wir eine ganze Menge Informationen. Oder wie es der Psychologe Bernd Hohmann sagt: »Ich kann das Wetter nicht ändern, aber ich muss wissen, wie es ist, um mich darauf einzustellen.« Das bedeutet: Manche Dinge in meinem Leben kann ich nicht verändern. Aber ich muss wissen, wie die Dinge liegen, um mein Handeln daran auszurichten.

Wissen ist hilfreich, um energiesparend durchs Leben zu gehen, schmerzliche Umwege zu vermeiden und kluge Entscheidungen zu treffen.

- Es hilft mir zu wissen, wie Menschen ticken. Was wünschen sie sich, wie reagieren sie worauf? Wie kann ich überzeugen?
- Es hilft mir, den Zusammenhang zwischen Ursache und

Wirkung zu erkennen. Wenn ich dies oder jenes tue, wird wahrscheinlich dies oder jenes passieren.
- Es hilft mir, Strategien zu entwickeln. Einen Plan zu machen, nicht alles dem Zufall zu überlassen. Meine Argumente auf Überzeugungskraft abzuchecken.
- Es hilft mir, Alternativen zu meinem Handeln anzuschauen und auszuprobieren. Und es gibt immer mehrere Möglichkeiten.
- Es hilft mir, den Preis der Dinge zu kennen. Jede Entscheidung für etwas ist auch eine Entscheidung gegen andere Möglichkeiten. Und jede Entscheidung hat ihre eigene Auswirkung.
- Es hilft mir, ungeschriebene Spielregeln zu erkennen, in der Arbeit, in der Familie, in der Gesellschaft. Ich muss mich nicht daran halten, aber ich sollte sie kennen.

Fangen wir bei der Menschenkenntnis an. Was glauben Sie, was wünschen sich Menschen am meisten? Nach meiner Erfahrung: Wahrgenommen werden und ernst genommen werden. Und das ist etwas, was ich ohne großen Aufwand leisten kann. Ich kann Menschen Aufmerksamkeit schenken. Ich kann ihnen zuhören und auf ihre Bedürfnisse eingehen. Zeige ich einem Menschen Wertschätzung, dann ist er in der Regel auch bereit, mir entgegenzukommen. Viele Konflikte, viele Auseinandersetzungen könnte ich vermeiden, wenn ich – neben meinen eigenen klaren Zielen – anerkenne, dass der andere vielleicht eine andere Sicht der Dinge und sogar entgegengesetzte Interessen hat.

Stecken Sie gerade in einem Konflikt mit anderen Menschen? Dann überlegen Sie doch einmal, um welche Art Konflikt es sich handelt (schreiben Sie es am besten in Ihr Gelassenheits-Tagebuch). Geht es um gegensätzliche Interessen? Oder um Meinungsverschiedenheiten über den Weg zu einem gemeinsamen Ziel? Oder steckt eine persönliche Aversion dahinter? Ein unausgesprochener Konflikt, der mit der Sache gar nichts zu tun hat? Führen Sie einen Stellvertreterkrieg?

Wenn wir es schaffen, die Hintergründe zu analysieren, können wir sehr viel gelassener an die Bereinigung des Konflikts gehen. Wenn jemand beispielsweise erkennt, dass ihm seine Partnerin übel genommen hat, dass er mehrmals Verabredungen nicht eingehalten hat, versteht er vielleicht besser, warum sie in dieser einen Sache, wo es doch vordergründig nur um Fakten geht, nicht einlenken kann. Und er kann seine Energie zu den Ursachen des Streits richten.

Wenn wir beispielsweise erkennen, dass es im Konflikt mit der Kollegin gar nicht wirklich um die Arbeitszeitregelung geht, sondern unsere Sturheit die Reaktion auf eine Kränkung ist, die sie uns zugefügt hat, dann können wir eher aus dem Beleidigtsein herauskommen, die alte Geschichte ansprechen, sagen, was uns geärgert hat, und anschließend für die aktuelle Frage eine Lösung finden.

Die meisten Menschen sind:
- empfindlich,
- leicht zu verletzen,
- leicht zu kränken,

- nachtragend,
- aber auch leicht zu durchschauen.

Wenn wir erkennen, dass Menschen so sind (wir übrigens auch), dann können wir Rücksicht darauf nehmen. Wir können auf sie eingehen und Empfindungen ansprechen. Wir können unsere Sicht der Dinge darlegen und anbieten, für eine Win-Win-Lösung bereit zu sein. Nach meiner Erfahrung sind die meisten Menschen froh, wenn ihnen die Hand gereicht wird. Voraussetzung ist allerdings, dass wir selber den Wunsch haben, verträglich zu sein, uns nicht zu ärgern, uns nicht im Zorn zu verlieren oder im Beleidigtsein zu aalen. Eben mit mehr Gelassenheit an die Dinge heranzugehen.

Das Gleiche gilt für Aufgaben, die wir zu erledigen haben. Das Zauberwort heißt auch hier: »Gut vorbereiten«! Ob wir Verhandlungsgespräche führen oder mit unserem Kind über seine Schulnoten sprechen wollen, je besser wir vorbereitet sind, umso gelassener können wir in das Gespräch hineingehen. Scheuen Sie sich nicht, Strategien zu entwickeln. Wir müssen wissen, dass Menschen (auch kleine) lieber selbst unter mehreren Alternativen wählen, als etwas diktiert zu bekommen:

- Wie erreiche ich mein Ziel am besten?
- Was weiß ich, was kann ich berücksichtigen?
- Was kann ich fordern, und was kann ich anbieten?
- Welchen Nutzen hat mein Vorschlag für den anderen?
- Wie bereite ich das Gespräch so vor, dass ich das Ergebnis erziele, das ich für das Beste halte?
- Welche Einwände kann ich erwarten?

Klugheit

- Welche Widerstände?
- Wie sieht ein guter Kompromiss aus, auf den ich mich einlassen könnte?
- Wo ist meine Grenze?

Sie können sich das sicher bildlich vorstellen: Wie ruhig und überlegt Sie in ein Gespräch gehen können, wenn Sie sich bestmöglich vorbereitet haben. Wie gesagt: Es gibt keine Garantie, dass auch der andere kooperationsbereit ist, aber wir können von unserer Seite alles Machbare vorbereiten.

Klugheit spielt auch eine Rolle, wenn wir vor wichtigen oder hilfreichen Entscheidungen stehen. Sie erinnern sich vielleicht an die kleine Übung aus dem Einfachheits-Kapitel, mit der ich Entscheidungssicherheit erlangen kann: Alternativen anschauen und werten. Das geht bei kleineren Entscheidungen in Sekundenschnelle.

Ein Beispiel: Ich sitze im Speisewagen und merke, der Speisewagenschaffner hat schlechte Laune. Ich kann mich entscheiden zwischen:

- mit ihm streiten,
- ihn arrogant von oben herab behandeln,
- ihn schikanieren,
- mich ärgern,
- mich stressen lassen,
- gehen,
- oder gute Stimmung machen.

Wenn ich gerne entspannt mein Frühstück im Speisewagen einnehmen möchte, meine Magensäfte schonen und mein Essen genießen will, macht letztere Alternative Sinn. Ich kann mir überlegen, wie ich ihm Wertschätzung zeigen kann, einfacher ausgedrückt: Wie kann ich ihm eine Freude machen? Und glauben Sie mir (ich sitze auf meinen Reisen viel in Speisewagen herum), es sind minimale Anstrengungen für maximalen Erfolg. Sätze, die sich bewährt haben, sind:

- »Mhm, das duftet aber gut ...«
- »Oh, das geht ja schnell bei Ihnen ...«
- »Gruß an die Küche, das Ei war perfekt ...«
- »Der Morgentau-Tee ist zu köstlich ...«
- »Mit einem Frühstück im Speisewagen fängt ein Tag immer gut an ...«

Sie können sich vorstellen, dass diese »Entspannungspolitik« Früchte trägt? Wohl wahr. Und was kostet es Sie? Ein Lächeln. Die Chance, dass Ihre Sätze als Eisbrecher wirken, liegen bei neun zu eins (einen Menschen, der seine schlechte Laune behalten will, gibt es immer mal wieder). Noch einmal: Ich setze meine Freundlichkeit nicht ein, um den anderen zu erziehen oder zu ändern. Ich möchte selbst mehr Freude und Freundlichkeit in meinem Leben, weniger Stress und Ärger.

Klugheit kann uns helfen, Anstrengungen auf ein gutes Maß zu reduzieren. Sie kennen vielleicht die Verzagtheit, die uns befällt, wenn wir eine große Aufgabe vor uns haben. Sie erscheint wie ein hoher Gipfel, der nur mit Mühen zu bezwingen ist. Und das Schlimmste daran: Wir schleppen einen elend schweren Rucksack mit uns, in den alle Erwartungen, Ängste und Vorsätze gepackt sind. Was kann uns die Last erleichtern, lässt uns beschwingt ausschreiten? Vergleichen Sie die Bewältigung Ihrer Aufgabe mit einer gut vorbereiteten Bergbesteigung:

- Schaffen Sie sich ein gutes Basis-Camp. Indem Sie alle Informationen besorgen, die Sie brauchen. Indem Sie sich eine Route überlegen. Indem Sie Strategien festlegen.
- Peilen Sie eine erste Zwischenetappe an, Ihr erstes Zwischenlager. Es sollte leicht erreichbar sein, ohne zu große Anstrengungen. Sie üben ja noch.
- Besorgen Sie sich einen kleinen Rucksack. Sie brauchen ihn nur für die erste Etappe. Dort können Sie ihn wieder neu packen.
- Achten Sie auf ein gutes Unterstützer-Team, das Ihnen die Arbeit erleichtert. Wer kennt wen wo? Wer kann Ihnen Türen öffnen, wer kann Ihnen hilfreiche Tipps geben, einen Einstieg erleichtern?
- Peilen sie so nach und nach eine Etappe nach der anderen an. Packen Sie nicht zu viel in Ihren Tagesrucksack, überfordern Sie sich nicht.
- Genießen Sie das Ankommen und Abhaken der Zwischenetappen. Genießen Sie die Ruhe zwischendurch, überprüfen Sie Ihre Aufstiegsroute und tanken Sie immer wieder neue Energie.

Die kluge Vorbereitung, die kluge Wahl der richtigen Strategie, das gute Netzwerk an Helfern und Verbündeten lässt Sie ganz gelassen diesen Gipfel erklimmen. Nicht, dass es nicht trotzdem anstrengend ist – jede Arbeit kostet Kraft –, aber es ist nicht energiezehrend. Sie sind noch bei

Atem, wenn Sie oben ankommen, und können Ihren Glücksjodler erschallen lassen.

Bei allem, was wir tun, sollten wir immer den Preis unserer Entscheidung kennen: Sie möchten sich selbstständig machen? Das hat einen Preis. Sie möchten zu Hause bei den Kindern bleiben? Das hat einen Preis. Sie möchten eine größere Wohnung? Das hat einen Preis. Sie wollen, dass Ihr Partner mehr Rücksicht auf Sie nimmt? Das hat einen Preis.

Dies gilt genauso für die kleinen, alltäglichen Entscheidungen: Ich möchte mich streiten? Ich zahle dafür, wahrscheinlich mit aufbrausenden Emotionen, Aufgeregtheit, Herzklopfen, Angst, schlechter Stimmung, Vorwürfen. Ich möchte unbedingt Harmonie? Auch dafür »bezahle« ich etwas, wahrscheinlich mit Ärger hinunterschlucken, mich ungerecht behandelt fühlen, einem leisen Grummeln im Magen. Ich möchte, dass meine Freundin mich nicht ständig und stundenlang als Kummerkasten missbraucht? Dafür bezahle ich bestimmt, sie ist sauer auf mich, zweifelt unsere Freundschaft an. Ich fühle mich mies. Sie redet gar nicht mehr mit mir, aber schlecht über mich.

Doch wo ein Preis ist, da ist auch ein Wert. Wenn ich den Preis kenne, kann ich mir überlegen, ob das, was ich will, mir das auch wert ist. Und wenn die Antwort ja heißt: Na dann tun. Wenn ich aber merke, der Preis ist mir zu hoch? Dann kann ich mich auch anders entscheiden. Schließlich ist es mein Leben. Eine Erkenntnis nicht umzusetzen, gehört für mich auch zur Entscheidungsfreiheit. Aber ich weiß, dass ich dann auch nicht jammern darf, wenn mich etwas stört.

Einen großen Schritt zur Gelassenheit bringt es, die Spielregeln zu kennen, die andere aufgestellt haben, die aber nirgends nachzulesen sind. Das gilt zum Beispiel für den Job. Aber auch für Bewerbungen um eine Wohnung. Für eine Familie, in die ich qua Beziehung hineingerate. Einen Freundeskreis.

Erinnern Sie sich an eine Situation des Scheiterns, des Misserfolgs? Könnte es dazu gekommen sein, weil Sie bestimmte Spielregeln nicht gekannt oder nicht eingehalten haben? Im Beruf passiert das immer wieder. Spielregeln, die ich in meinem Berufsleben kennen gelernt habe:

- Auf sich aufmerksam machen!
- Auf Fähigkeiten und Erfolge hinweisen!
- Den eigenen Status nutzen und wahren!
- Loyalität nach oben zeigen!
- Niemals jemanden vor anderen kritisieren!
- Dresscodes erkennen und einhalten!
- Koalitionen bilden, um Ideen zu verwirklichen!
- Kontakte und Beziehungen nutzen!
- Konkurrenz spielerisch nehmen!
- Nein sagen und Ja sagen können!

Schreiben Sie doch einmal auf, welche ungeschriebenen Spielregeln es in Ihrem Freundeskreis gibt, in Ihrer Abteilung, in Ihrer Partnerschaft oder in Ihrer Familie. Erinnern Sie sich an Fallen, in die Sie schon einmal getappt sind?

Wer mehrmals gegen Spielregeln verstößt, wird abgestraft, das ist in allen Gemeinschaften so. Klugheit bedeutet deshalb, die ungeschriebenen Spielregeln so schnell wie möglich zu entschlüsseln. Wer sich bei den ersten Besuchen zweimal auf den Sessel des zukünftigen Schwiegervaters gesetzt hat, weiß, was ich meine. Wer sich bei den Konferenzen zweimal die Lieblingstasse der Abteilungsleiterin gegriffen hat, weiß es auch. Gelassenheit ist etwas anderes. Übrigens: Wir können auch Spielregeln bewusst brechen. Wir sollten sie nur kennen, um zu wissen, worauf wir uns einlassen. Doch darüber im nächsten Kapitel mehr.

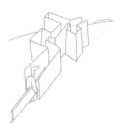

Das Symbol für Klugheit: der Pfeil

Klugheit führt uns auf unserem Weg. Strategien erhöhen die Sicherheit. Durchsetzungsfähigkeit lässt uns Ziele erreichen.

Übungen

Konzentrieren Sie sich in den nächsten vier Wochen auf folgende Fragen:
1. Woche: Was erwarten mir wichtige Menschen von mir?
2. Woche: Welche Spielregeln erkenne ich?
3. Woche: Welche Strategien helfen mir bei der Umsetzung?
4. Woche: Welche Alternativen gibt es für mein Handeln?

Schreiben Sie Ihre Beobachtungen in Ihr Gelassenheits-Tagebuch.

Morgenmeditation

Was bedeutet heute Klugheit für mich?

Abendbilanz

Wie habe ich heute meine Klugheit eingesetzt?

Wunsch

Ich achte darauf, welche Spielregeln gelten.

ELFTER SCHLÜSSEL

Mut

Scheitern als Chance

Gelassenheit und Mut? Wie hängen die zusammen? Und ist nicht eher Gelassenheit die Grundlage für Mut? Und nicht andersherum? Und worum geht es bei Mut überhaupt? Sie sehen, dies wird ein spannendes Kapitel. Ich habe vier Arten von Mut definiert, um die es hier geht:

1. Mut sich zu bekennen
2. Mut sich zu wehren
3. Mut zu Entscheidungen
4. Mut zu scheitern

1. Mut sich zu bekennen:
Ich bin ein Spießer. Ja ehrlich, ich hänge an Dingen, die längst nicht mehr modern sind, ich kann Moden nichts abgewinnen, ich glaube an Werte und Tugenden und bin viel konservativer, als ich es selbst je für möglich hielt. Aber, und jetzt kommt die gute Nachricht: Ich gehöre zur Spießer-Avantgarde! Was, Sie haben den Ausdruck noch nie gehört? Lassen Sie mich ihn erklären:

- Die Spießer-Avantgarde trägt das, was ihr gefällt,
- kauft immer das gleiche Parfüm, auch wenn es total »out« ist,
- richtet ihre Küchen so ein, dass sie sich darin wohlfühlt und behält diese Ausstattung, bis die Türen rausfliegen,
- sie wählt den Farbton ihres Autos nach ihrem Gemütszustand,
- sie legt Wert auf Pünktlichkeit und Höflichkeit,
- sie findet Geiz nicht geil, nur weil es Mode ist, und findet es auch nicht schick, Steuer und Versicherungen zu betrügen.

Das Schlimme an dieser Speerspitze der Spießer: Sie sind für Mode und Werbung leider total verloren. Rettungslos altmodisch. Eben total spießig. Aber alle fünf bis acht Jahre geschieht etwas Aufsehenerregendes: Plötzlich gehören diese Menschen zur Avantgarde:

- Sie fahren seit Jahren ein mintgrünes Auto, und plötzlich ist mintgrün der Renner!
- Sie haben sich nie von ihrer kuscheligen Holzküche trennen können, sie nicht gegen Chrom und Stahl ausgetauscht, und plötzlich jubeln die Einrichtungsmagazine: Holz liegt im Trend. Und ihre Freunde können es nicht fassen, dass ausgerechnet dieses Langweiler-Paar Veronika und Werner dem Trend voraus ist ...
- Sie tragen seit Jahren schwarze Stoffhosen mit Bügelfalte. Und wurden von allen bauchfreien »Hip-Jeans«-Trägerinnen bemitleidet, »oh, was für 'ne fiese Stoffhose«. Und, ei der Daus, sind plötzlich schwarze Stoffhosen mit messerscharfer Bügelfalte der letzte Renner.
- Sie fanden immer schon eine gute Kinderstube sozialverträglich. Und plötzlich strömen ganze Managergenerationen in Benimmkurse.

Also, verstehen Sie jetzt, warum ich seit Jahren zur Spießer-Avantgarde gehöre? Zur Riege der Wertkonservativen? Sagen wir es ruhig laut: der Langweiler.

Und wie schaut es mit Ihnen aus? Auf welchem Gebiet sind Sie der Oberlangweiler (vier bis acht Jahre lang jedenfalls)? Haben Sie vielleicht auch ein Aquarium in Ihrem Wohnzimmer? Mit Black Mollys und Guppys? Und zwei Schnecken und ein bisschen Grünzeug? Zelebrieren Sie auch das Erlebnis der Fütterung? Ein Prischen voll Futter zwischen die Finger und – »Ach, guck doch mal, da kommen sie, ach, ist das nett. Nee, wie nett. Du, fehlt da nicht einer ...?«

Erinnern Sie sich noch an diesen angewiderten Blick Ihrer neuen Nachbarn, als Sie die vor zwei Jahren das erste Mal zum Kaffee eingeladen haben, an dieses pikierte Naserümpfen beim Anblick Ihrer Unterwasserwelt im Lego-Format? Da konnte Ihr russischer Zupfkuchen auch nicht gegen anstinken, geben Sie es ruhig zu. Die dicke Freundschaft wurde das nicht.

Aber schwups, kaum wartest du mal wieder fünf Jahre, sind Aquarien total in: »Hey, du, wenn ich davor sitze und diese Gelassenheit erlebe, du, da fühle ich mich gleich besser und irgendwie aufgehoben in dieser Welt. Ist fast wie Meditation ...« Der Zwergbuntbarsch auf Krankenschein. Nemo lässt grüßen. Und die Nachbarn fragen plötzlich nach der besten Pumpe, weil »unsere Siamesischen Rüsselbarben brauchen ja eine Menge Sauerstoff, wie man weiß.«

Und da sind diese Spießer im Job. Diese langweiligen Menschen, die immer noch daran glauben, dass sie nur durch ihrer eigenen Hände Arbeit einen kleinen Wohlstand anhäufen könnten. Die einfach nicht davon abzubringen sind, dass man sich im Leben alles selbst erarbeiten muss und nichts geschenkt kriegt. Erinnern Sie sich an den Aktien-Wahn? Und wie mitleidig Ihre Kollegen Sie angesehen haben, als Sie zugeben mussten, dass Ihr »Portfolio« aus ein paar Fondsanteilen der örtlichen Sparkasse bestand? Was, keine Optionsscheine? Nicht mal Telekom???

Während die anderen an der Börse zockten, die Werte aus Singapur mit denen aus Toronto verglichen und Ihnen klar machen wollten, warum nur noch Hightech, (»Kleiner Insidertipp, ich sag's dir im Vertrauen, diese kleine, innovative Firma in Wuppertal, also, ich kenne da jemanden, da kannste Millionen machen!«), also warum nur noch Hightech und sonst gar nichts »angesagt« war, absolvierten Sie in zwölf Monaten Ihren Chef-Assistentinnen-Kurs oder den Meister-Lehrgang. Oder Sie investierten Ihr Geld in Ihre Kinder (da hatten wenigstens die Aktienkurse von Matell, Sony und McDonalds was davon), aber sonst, Gott, wie spießig. Ihnen fehlte einfach die Zukunftsfantasie.

Vor dem Aktienhype hatte man in der Kantine die letzten Meldungen über das Verhältnis des Prokuristen mit der »na du weißt schon ...« besprochen. Oder über den Rausschmiss von Herrn Direktor Müller geunkt. Aber irgendwann gab es nur noch dieses eine Thema: Der sichere Reichtum. Während die anderen bereits Vier-Farb-Prospekte mit Villen »zum Schnäppchenpreis« in der Südsee durchblätterten, erzählten Sie, wie Sie Ihrem Bruder am Wochenende wieder beim Ausbau des Dachzimmers in seinem kleinen Reihenhaus geholfen haben. Gähn ...

Die Zeiten haben sich gewandelt. Sie gelten inzwischen als ziemlich schlau, dass Sie das alles »vorausgesehen« haben, stimmt's? Mancher Börsencrack wäre froh, wenn er noch sein Reihenhaus hätte. Genießen Sie diese Zeit, bald werden Sie wieder überholt werden, vom nächsten »Hype«.

Werte haben und dafür einstehen? Das klassische Zeichen des Spießers. Tugenden wie Aufrichtigkeit und Gerechtigkeit vertreten? Da zeigt sich der »Gutmensch«, das

Auslauf-Modell. Um ehrlich zu sein: Ich kam mir in den letzten Jahren manchmal etwas einsam vor, wenn ich die hippen, modischen, durchgestylten Menschen um mich herum sah.

Aber: »Spießig ist riesig!« hörte ich vor kurzem den bayerischen Kabarettisten Gerhard Polt im Radio sagen. »Spießig ist riesig«? Na ja, reimt sich nicht wirklich, aber was für eine plötzliche Erleichterung. Direkt eine Absolution. Ja, ich darf meine bequemen Halbschuhe tragen und muss sie nicht gegen pinkfarbene High Heels tauschen. Ich darf es genießen, mit meinen Kindern Karten zu spielen, einfach so zu Hause, ganz gemütlich. Ich darf die Insel Juist schön finden und sogar dort Urlaub machen. Juchhu!

Um gerecht zu sein: Mut heißt auch, sich aus wirklich spießigen Verhältnissen zu befreien. Sich in dörflicher Enge zu behaupten, sein Leben zu leben, so wie man es für richtig hält. Spießer-Normen zu brechen, wie die Gestaltung des Vorgartens und des Lebens. Sich Heuchelei zu entziehen und frei seine Meinung zu sagen. Gesellschaftliche »Spielchen« nicht mitzuspielen, nicht mehr zu »funktionieren«. Nemo zu befreien.

Mut bedeutet für mich: Machen, was ich will. Der Mensch zu sein, der ich bin. Dafür einzustehen, was ich für richtig halte. Das gilt für alle Formen, die nicht »Mainstream«, nicht in Mode sind. Und dies hat eine Menge mit Gelassenheit zu tun. Wenn ich die Lebensform wähle, die ich möchte, brauche ich immer dann Mut, wenn sie gegen die »Norm« verstößt, sei sie modisch oder verstaubt. Einer der nachhaltigsten Sätze aus unserer Kindheit ist »Was sollen denn die Nachbarn sagen?« Wir sind oft so furchtbar abhängig davon, was die anderen von unseren Entscheidungen halten. Wenn wir diese »Mitgift« hinter uns lassen, dann beginnt Gelassenheit.

Überlegen Sie einmal, welche Ängste Sie kennen, wenn es darum geht, sich gegen die Norm zu stellen. Schreiben Sie in Ihr Gelassenheits-Tagebuch: Was könnte passieren, wenn Sie nur noch das tun würden, was Sie für richtig halten? Da kommt schnell ein Gänsehaut-Gefühl auf? Wohl wahr. Und wenn wir schon so ehrlich sind: Schreiben Sie auf, wozu Ihnen (derzeit noch) der Mut fehlt.

Der Flieger und Philosoph Antoine de Saint-Exupéry schrieb in *Die Stadt in der Wüste*: »... darum täuschen sich die, die zu gefallen suchen. Und sich gefügig und biegsam machen, um zu gefallen. Und den Wünschen zuvorkommen. Und in allen Dingen Verrat üben, um so zu sein, wie man sie haben möchte ...« Wir alle kennen diese Gefahr, diese Verführung.

Um ehrlich zu sein: Lange Zeit meines Lebens war ich davon gefangen. Ich war ein richtiger »Schisser«, was Konflikte anbetraf. Ich musste mich zwingen, dagegen anzukämpfen. Gott sei Dank fand ich immer wieder Menschen, an denen ich mich aufrichten konnte, Menschen, die Würde und Stolz ausstrahlten, von denen ich gelernt habe. Vorbilder und Mutmacher. Doch ich bin immer noch nicht völlig frei. Wenn ich es recht überlege: Ich fürchte nach wie vor die Einsamkeit, wenn die Gemeinschaft mich »ausstößt«.

Mut heißt also auch, mir selbst genug zu sein. Oder weniger dramatisch: mir Menschen zu suchen, die ähnlich

»ticken« wie ich. Die finde ich nicht immer im alten Freundeskreis. Also brauche ich Mut hinauszugehen, sich auf Bekanntschaften, neue Beziehungen einzulassen ...

Meine größte Lektion in Sachen Mut habe ich gelernt, als ich vor Jahren die große Chance bekam, für ein Buch Mitglieder des Widerstands während der Nazizeit zu interviewen. Diese Frauen und Männer haben mir gezeigt, was es wirklich heißt, Risiken einzugehen. Sie haben schlichtweg ihr Leben riskiert, aus dem Gefühl heraus »Ich kann nicht anders« – das ist wohl Mut.

Im Vergleich dazu wird die Angst,
- den Chef wegen einer Gehaltserhöhung anzusprechen,
- nicht den gängigen Figurnormen zu entsprechen,
- meinem Kind keine 150-Euro-Fußball-Schuhe zu kaufen,
- meinem Partner zu sagen, dass mich eine seiner Gewohnheiten nervt,
- den Gehsteig diesen Freitag mal nicht zu fegen,
- als Mann Erziehungsurlaub zu nehmen,
- oder den alten Pulli vom letzten Jahr noch mal zu tragen,

aufs wahre Zwergenmaß zurückgedreht. Davor hatte ich Angst? Wenn ich mir die Unverhältnismäßigkeit klarmache, lache ich über diese Angst.

Wenn ich mir klarmache, was wirklich wichtig im Leben ist, dann habe ich weniger Angst anzuecken, weniger Angst vor Blamagen. Ich nehme mir den Mut zur Lücke. Ich weiß etwas nicht, »so what«? Ich kann endlich drückenden Ballast abwerfen, all diese schrecklichen »Tut man, tut man nicht« kann ich hinter mir lassen. Ich kann sagen »Ja, ich will« und »Nein, ich will nicht«, denn ich bin bereit, Verantwortung zu übernehmen, meinen Kopf hinzuhalten. Mut bringt Freiheit, Lebensfreude, Aufregung und Spaß. Wenn wir den Mut aufbringen, unser Leben zu leben, kommen wir dem Ideal der Gelassenheit ein großes Stück näher.

2. Mut sich zu wehren:
Wer Stellung bezieht, kann angeschossen werden. Wer nicht bei jedem Witz lacht, macht sich verdächtig. Wer für sich selbst oder andere eintritt, macht sich zum Feind. Das klingt sehr dramatisch. Und oft ist es das auch. Ich arbeitete einmal in einer Redaktion, dort gingen die Vorgesetzten sehr rüde mit Kollegen um, sie wurden lächerlich gemacht, zusammengestaucht, in Konferenzen »vorgeführt«. Die meisten wehrten sich nicht. Ich selbst hatte mir einigen Respekt verschafft, und mit mir traute man sich das nicht. Die Folge: Ich war unglücklich und innerlich zerrissen. Richtig klar wurde mir das allerdings erst, als ich von den Vorfällen einer Freundin erzählte und sie mich fragte: »Und das hältst du aus?« Nur weil es einem selbst relativ gut geht, kann man nicht wegschauen.

In der Erinnerung sehe ich die Situation wieder ganz deutlich: Eine Alternative wäre gewesen, für die Kollegen in die Bresche zu springen. Um ehrlich zu sein: Ich hatte Angst, meine privilegierte Stellung zu verlieren, wenn ich mich ständig deswegen mit meinen Vorgesetzten anlegte. Ich war in anderen Unternehmen zu lange Betriebsrätin gewesen, hatte den »Preis« dafür bezahlt und wollte nicht schon wieder für alle und alles verantwortlich und die Buhfrau sein. Trotzdem hielt ich die Zerrissenheit nicht aus:

Kurze Zeit später kündigte ich. Ich wollte nicht für ein Unternehmen arbeiten, das so mit Menschen umging.

Ich habe oft darüber nachgedacht, ob das richtig war. Und komme heute zu dem Schluss: Ja, es war der richtige Weg für mich. Ich erhebe nicht den Anspruch, der Rächer der Entrechteten zu sein, ich war des ewigen Kämpfens müde. Und ich hatte vor allem den Eindruck, dass es verlorene Energie war. Das war der Job nicht wert. Mut zu haben und Mut zu zeigen, bedarf des Abwägens: Lohnt es sich wirklich? Allein das Kündigen bedurfte übrigens ziemlich viel Mut. Doch dazu später mehr.

»Wer sich nicht wehrt, der lebt verkehrt!« Wir alle kennen den Spruch. Er hat mit Zivilcourage zu tun. Nicht jeder von uns ist ein Mahatma Gandhi, ein Nelson Mandela, eine Johanna von Orléans oder eine Mutter Theresa. Und Gott sei Dank ist uns nicht allen ein solch dramatisches Schicksal beschieden. Ich weiß nicht, ob ich die Kraft gehabt hätte, so konsequent und tapfer zu sein. Bewundern wir die wahren Mutigen der Welt und setzen wir uns kleine Ziele in unserer kleinen Welt. Diese Tapferkeit zeigt sich schon in kleinen Anlässen:

- Jemand wird gehänselt oder zum Sündenbock gemacht. Wo stehen wir?
- Wir werden ungerecht behandelt. Wie reagieren wir?
- Jemand äußert rassistische Meinungen? Was sagen wir?
- Jemand behandelt ein Kind schlecht. Mischen wir uns ein?
- Jemand propagiert Lügen und Betrügen als Mittel der Wahl. Halten wir dagegen?
- Jemand behandelt uns schlecht. Wehren wir uns?

Mut heißt zu widersprechen. Mut heißt, für jemanden einzustehen. Mut heißt, sich gegen die Meinung einer Mehrheit zu stellen. Mut heißt, zu seinen Überzeugungen zu stehen. Mut heißt, Nachteile in Kauf zu nehmen. Mut heißt zu entscheiden, was wirklich wichtig für mein Leben ist. Mut heißt, mit mir selbst im Reinen zu sein. Und das ist einer der Schlüssel zur Gelassenheit.

3. Mut zu Entscheidungen:

Je mehr wir auf unsere innere Stimme hören, umso stärker wird die Wahlfreiheit. Je klarer wir unsere eigenen Normen aufstellen, umso häufiger werden wir uns gegen Dinge entscheiden, die »man halt so macht«. Erwachsen sein heißt, Entscheidungen zu treffen. Selbstbestimmt sein heißt, unsere eigenen Entscheidungen treffen zu können/dürfen/müssen:

- Einen Job zu kündigen, der »eigentlich« doch ganz okay ist, braucht Mut.
- Sich auf eine Stelle zu bewerben, braucht Mut.
- Sich auf einen Menschen einzulassen, mit ihm zusammenzuziehen, braucht Mut.
- Kinder zu bekommen, braucht Mut.
- Keine Kinder zu wollen, braucht Mut.
- Sich zu seiner sexuellen Präferenz zu bekennen, braucht Mut.
- Unsere (abweichende) Meinung zu sagen, braucht Mut.
- Sich selbstständig zu machen, braucht Mut.

Mut ist die innere Kraft, die uns an die Hand nimmt, wenn wir einen neuen Schritt wagen. Er ist das Fünkchen, das wir noch gebraucht haben, um uns für eine Idee zu erwärmen, für eine Sache zu »brennen«. Mut schließt die Lücke zwischen Wollen und Handeln, wenn es brenzlig wird.

Wenn ich es so betrachte, dann war ich schon mutig in meinem Leben: ging mit 19 aus einem kleinen Dorf in Niedersachsen nach München. Verliebte mich in einen Afrikaner und heiratete ihn. Fuhr als Journalistin allein in viele exotische Länder, einmal mitten in einen Krieg. Ich wurde in einer Hilfsorganisation aktiv. Ich war Gewerkschafterin und Betriebsrätin. Ich kündigte Jobs, wenn ich spürte, es macht mir keinen Spaß mehr. Ich lernte, im Fernsehen aufzutreten, trotz mörderischer Angst. Ich traute mich, Bücher zu schreiben. Ich ging auf die Bühne und habe heute keine Angst mehr, vor Tausenden von Menschen zu stehen. Ich machte mich selbstständig. Ich zog aus, als mein Lebensplan sich änderte. Und es hatte immer mit Entscheidungen zu tun: Ich wollte nicht dem albernen Spruch in meinem Poesiealbum folgen: »Wandle stets auf Rosen in immergrüner Au, bis einer kommt in Hosen und nimmt dich dann zur Frau.«

Menschen, die ihren Mut gefunden haben, kommen mir vor wie eine wunderschöne schimmernde Muschel, die sich weit öffnet und ihren Schatz, nämlich eine einzigartige Perle, der Welt zeigt. Wer den Mut verliert, der klappt die Schalen zu und verschließt sich. Wenn wir Mut zum Prinzip machen, verlieren wir die Angst. Wenn wir unsere Lebensfreude in den Mittelpunkt stellen, bekommen wir Kraft. Wenn wir uns einmal dafür entschieden haben, unserem eigenen Weg zu folgen, machen wir einen Riesenschritt in Sachen Gelassenheit.

4. Mut zum Scheitern:
Wer etwas anfängt, kann scheitern, wer nichts anfängt, ist schon gescheitert. So ein häufig gelesenes Zitat. Wer sich mutig entscheidet, riskiert tatsächlich den Misserfolg. Aber genau das scheint ein Problem zu sein. Ich erlebe es in meinen Seminaren und Coachings immer wieder, wie viel Angst Menschen haben zu scheitern. Lieber bleiben sie ihr Leben lang in ungeliebten Jobs, ungeliebten Beziehungen, als dieses Risiko einzugehen. »Lieber die bekannte Hölle als den unbekannten Himmel.« Was werden die Leute sagen ...?

Das große moderne Tabu nennt der Soziologe Richard Sennett das Scheitern. Neulich erlebte ich dieses Tabu wieder mal am eigenen Leib. Eine Podiumsdiskussion in Tübingen. »Woran sind Sie in Ihrem Leben einmal gescheitert?«, fragte die Moderatorin. Ich erzählte frei von der Leber weg, von der Stelle in einer Sandwichposition, Druck von allen Seiten und ich dazwischen unglücklich und unfähig, mich zu lösen. Da ich drastisch erzählen kann, lachte das Publikum dankbar.

Dann kamen die anderen dran. Alle anderen Podiumsteilnehmerinnen wiesen das Wort »Scheitern« weit von sich, nein, das könne man nicht sagen. Okay, manchmal hätten sie keinen Erfolg gehabt, aber scheitern, nein ... Ich kam mir plötzlich ganz komisch vor. War ich der einzige Depp in diesem Saal? Hätte ich es nicht erzählen dürfen? Die Verwirrung hielt nur kurz an, dann entschied ich mich: natürlich dürfen wir über Scheitern reden. Wir sind keine Übermenschen, machen Fehler, treffen nun mal auch falsche Entscheidungen.

Was wir brauchen ist Mut, auch im Umgang mit Niederlagen. Und zwar schnell: Scheitern wird gesellschaftsfähig, quer durch alle Schichten. »Winner« und »Looser« finden wir inzwischen bei Menschen ohne Berufsausbildung und bei Akademikern. Wer gestern noch dachte, er hat eine Lebensstellung, findet sich plötzlich im Arbeitsamt wieder. Ein »todsicheres« Studium endet plötzlich im Nichts. Die Super-Geschäftsidee führt unvorhergesehen mitten in die Insolvenz. Unsere Welt wird immer unsicherer. Sätze wie »Einmal bei Thyssen, immer bei Thyssen« oder »Einmal bei Bosch, immer bei Bosch« gehören der Vergangenheit an. Es gibt keine Sicherheit vorm Scheitern. Wir sollten das Missgeschick, das Versagen, den Fehlschlag in unsere Überlegungen von vorneherein einkalkulieren.

Michael Hengl, Organisationsberater aus Köln, verteidigt das Misslingen fast: »Scheitern löst einen Zustand der elementaren Not aus und wird somit zum Antreiber für Erneuerung und Innovation.« Das hieße also: »Scheitern macht gescheit.«

Scheitern bedeutet, die falsche Entscheidung getroffen zu haben: die falsche Wahl, nicht die richtigen Mittel, die Situation falsch eingeschätzt. Das kann jedem aktiv Handelnden jederzeit passieren. Und da stimmt der bekannte Satz: Wir lernen nicht durch Erfolge, sondern nur durch Misserfolge. Scheitern ermöglicht Entwicklung, Reifung, Chancen.

Wir können so viel aus dem Scheitern lernen: Was kann ich das nächste Mal besser machen? Womit muss ich mich abfinden? Welche Alternativen kann ich suchen? Gegen welche Maxime habe ich verstoßen? Wo bin ich ängstlich zurückgezuckt, als Handeln angemessen war? Und wo habe ich vorschnell reagiert?

Schreiben Sie doch mal in Ihr Gelassenheits-Tagebuch auf, wo und wie Sie gescheitert sind: In welchem Bemühen? Mit welcher Idee? Gegenüber welchen Menschen? Welchen Problemen? Dann analysieren Sie einmal für sich: Woran lag es, dass Sie nicht erfolgreich waren? Nur an Ihnen? An der Weltlage? Und die dritte Frage ist die wichtigste: Was haben Sie aus dem Scheitern für sich gelernt?

Wenn wir den eigenen Anteil am Misserfolg erkennen, bekommen wir die Chance, beim nächsten Mal etwas besser zu machen. Und es gibt uns den Mut, ein neues Risiko einzugehen. Denn das Schlimmste, was wir aus einem erlittenen Misserfolg lernen könnten, wäre das Vermeidungsverhalten. Sieg und Niederlage – beides ist selbstverständlich. Im Fußball nehmen wir das als gegeben hin. Warum setzen wir nicht auch im Leben öfter den 50:50-Joker? Warum können wir nicht akzeptieren, dass das Leben ein Wechsel von »Trial and Error«, von Versuch und Irrtum ist?

»Gewinnende Verlierer« nennt Martin Doehlemann Menschen, die gescheitert sind. In seinem Buch *Absteiger – Die Kunst des Verlierens* beschreibt er die Erkenntnis: Ich kann auch ein anderer sein. Diese Chance bekommen Menschen, die gescheitert sind: Sie kommen heraus aus starren Gleisen, wenn auch gezwungenermaßen. Sie werden aus dem warmen Boot heraus ins kalte Wasser geworfen und suchen spritzend und schnaufend das Heil. Sie können sogar ein ganz neues Leben geschenkt bekommen, wenn sie tatsächlich aus dem Scheitern lernen.

Wie Martin H., 35. Er gründete mit 22, noch während seines Studiums, sein eigenes Unternehmen, eine Werbeagentur, galt als der jugendliche Superheld, wurde extrem erfolgreich, hatte die größten Kunden, agierte weltweit, schwamm im Geld und in der Macht. Er fühlte sich bedeutend, unverwundbar. Mit 30 kam im Zug des Zusammenbruchs der »New Economy« der Absturz. Sein Unternehmen musste Insolvenz anmelden. Er stand plötzlich vor dem Nichts, suchte ein Jahr lang erst einmal sich selbst in den Trümmern seines Daseins.

Heute hat er sich wieder eine Existenz aufgebaut, kann lächelnd von dieser Zeit erzählen: »Ich war ein arrogantes Ekel. Mich schüttelt es heute noch, wenn ich daran denke, wie ich mit Menschen umgegangen bin. Ich war zu eingebildet, hatte zu viel Geld und verkehrte nur noch mit Promis. Vor lauter Eitelkeit war ich nicht mehr kritikfähig, konnte Fehler nicht mehr sehen, geschweige denn zugeben. Ich war mit schuld, dass wir nicht rechtzeitig auf den sich wandelnden Markt reagiert haben.«

Heute sagt er: »Mir konnte gar nichts Besseres passieren als die Pleite. Ich habe damals schon gar nicht mehr gelebt, mit sechs bis sieben langen Arbeitstagen in der Woche, meine Freundin ebenfalls prominent und ständig auf Achse. Ich habe niemandem mehr zugehört, war weit weg von den Mitarbeitern. Es ging nur noch darum, etwas darzustellen. Und dann der Absturz. Ich habe eine neue Chance bekommen. Ich habe gelernt, dass dieses Leben zu schade ist, um nur zu fragen, wie man den Gewinn maximiert. Ich erlebe wieder, wie schön das Leben ist, die Natur. Wie wunderbar es ist, einfach mit Menschen zusammenzusitzen, ihnen zuzuhören. Ich bin dankbar fürs Scheitern. Es hat mir das Leben gerettet.«

Auch wenn es nicht immer so dramatisch zugehen muss: Wer einmal in einem tiefen Loch saß, sieht über manche alltäglichen Ärgernisse gelassener hinweg. Das ist ein schwacher Trost für jemanden, der gerade in dem Loch sitzt. Und es hilft auch nichts, demjenigen zu sagen, »Du wirst sehen, das ist eine tolle Erfahrung«. Aber jeder, der wieder herausgekommen ist, kann das sicher bestätigen. Ich habe das selbst von Hunderten von Menschen gehört. Der häufigste Satz: »Ich wäre heute nicht da, wo ich bin, ohne dieses Erlebnis.«

Das Symbol für Mut: der Löwe

Der Löwenmut ist sprichwörtlich. Ich nehme alle Kraft zusammen, um das zu tun, was ich für richtig halte.

Übungen

Konzentrieren Sie sich in den nächsten vier Wochen auf folgende Fragen:
1. Woche: Wobei brauche ich viel Mut?
2. Woche: Welche Ängste haben mich im Griff?
3. Woche: Gegen welche Widerstände kämpfe ich?
4. Woche: Wo war Scheitern eine Chance für mich?

Schreiben Sie Ihre Beobachtungen in Ihr Gelassenheits-Tagebuch.

Morgenmeditation

Was bedeutet heute Mut für mich?

Abendbilanz

Wo war ich heute mutig, wo nicht?

Wunsch

Ich achte darauf, mutig meinen Weg zu gehen.

ZWÖLFTER SCHLÜSSEL

Vertrauen

Seiltanz mit Netz

Haben Sie mal den Fernsehfilm *Der Schattenmann* gesehen? In einer Szene sagt der »King«, dargestellt von Heinz Hönig: »Meine Oma sagt immer, auch in der finstersten Nacht beginnt ein neuer Tag.« Schöner kann man Vertrauen kaum darstellen, Vertrauen in die Welt,

Vertrauen auf morgen, Vertrauen auf die Zukunft. Gelassenheit ohne Vertrauen ist nicht vorstellbar (und wenn es das Vertrauen ist, dass sowieso alles schiefgeht – Gruß an alle Pessimisten!).

Vertrauen ist wie ein weiches, elastisches Netz, das uns die Sicherheit schenkt, auch über hohem Abgrund über unser Lebensseil zu tänzeln, Kapriolen zu schlagen, zu hüpfen und uns zu drehen, etwas auf unseren Schultern zu balancieren, mit anderen zusammen Figuren zu formen – und dabei auch noch zu lächeln.

Vertrauen, das ich meine, ist nicht blind, sondern speist sich aus unseren Erfahrungen und aus unseren Beobachtungen. Allein die Statistik spricht für Vertrauen: Tausende eingehaltene Versprechungen stehen gegen eine Enttäuschung. Wie sieht ein normaler Tag bei den meisten Menschen aus: Der Bus kommt in der Früh, das Büro ist noch das gleiche, der Chef auch (na ja). Der Kaffee schmeckt wie immer. Wenn ich am Lichtschalter drücke, wird es hell, wenn ich am Telefon den Hörer abnehme, kann ich mit Menschen sprechen, die weit weg sind. In der Kantine werden beim Mittagessen dieselben Witze gemacht wie immer. Der Bankautomat spuckt Geld aus wie immer (wenn eins auf dem Konto ist). Abends sind wir genauso müde wie sonst immer, das Fernsehprogramm ist immer gleich langweilig und auch der Schlaf kommt meistens.

Leider erinnern wir uns tausendmal deutlicher an die wenigen Gelegenheiten, wenn nicht das eintrat, was wir gewohnt sind. Leider ist die Ausnahme interessanter als die Regel. Alle Zeitungen würden peitegehen, wenn sie nur noch nach der Wahrscheinlichkeitsrechnung berichten würden: Gut 80 Millionen Menschen wurden heute nicht ermordet, 8 733 Juweliergeschäfte wurden nicht überfallen, 46,999 Millionen Autos wurden nicht geklaut, 18 931 Züge kamen pünktlich an, niemand ist heute wegen der Politik der Regierung verhungert.

Leider ist unsere Wahrnehmung durch kriminelle »Sensationen«, die sich einfach besser verkaufen, verzerrt. Wie viele Menschen sind davon überzeugt, dass das Unglück vor der Tür auf sie lauert. »Man kann ja gar nicht mehr auf die Straße gehen ...« Oder: »Man kann ja heute niemandem mehr vertrauen.« Oder: »Noch nie ging es uns so schlecht wie heute.« Na, willkommen im Mittelalter, im Angesicht von Pest und Cholera.

Die Frage ist, ob wir jeden Tag auf allen Kanälen vom Abendessen bis zum Zubettgehen Mord und Totschlag, Entführung und Vergewaltigung »genießen« müssen. Ob wir alle Bilder des Schreckens aus Kriegen und Verbrechen viermal hintereinander im Detail anschauen wollen. Wer nur im Trüben fischt, muss sich über den Schmutz auf der Seele nicht wundern.

Vertrauen beginnt bereits in mir selbst. Leider haben nicht alle Menschen dieses »Urvertrauen« auf ihrem Lebensweg mitbekommen. Die einen fühlen sich ständig zu kurz gekommen, die anderen sind überzeugt, dass sie nur geliebt werden, wenn sie »brav« oder »fleißig« sind. Diese Wenn-dann-Formeln haben wir oft aus der Kindheit mitgenommen, alle laufen nach dem Muster »Wenn du so bist, wie wir das von dir erwarten, dann haben wir dich lieb.« Mit dem Umkehrschluss: wenn nicht, dann nicht. Liebe mit solchen Voraussetzungen ist keine gute

Grundlage für das Urvertrauen, das alle Kinder brauchen und das Menschen für das Abenteuer Leben stark macht.

Wenn wir glauben, wir müssten:
- schuften bis zum Umfallen,
- ständig auf Fettnäpfchen achten,
- rumhektiken, um nicht als faul zu gelten,
- Zeitnot haben, um wichtig zu sein,
- uns ständig beweisen,
- parieren, um nicht anzuecken,
- den Mund halten,
- powern, bis wir die anderen überholt haben,
- nie zufrieden sein,
- und niemals stolz auf das Erreichte,

dann wird Lebensfreude ein Fremdwort für uns. Dann ist Stress unser täglicher Begleiter. Nie können wir uns entspannt zurücklehnen und lächelnd abwarten, was das Schicksal uns so bringt.

Wenn ich den Stress loswerden und Gelassenheit gewinnen will, kann ich anfangen, das Vertrauen in mich selbst zu erhöhen. Wie wäre es mit einer kleinen Übung? Schreiben Sie doch mal vier Wochen lang jeden Abend in Ihr Gelassenheits-Tagebuch: Was ist mir heute gelungen? Denken Sie dabei nicht nur an den großen Coup, sondern an alltägliche Dinge. Wenn Sie die Aufzeichnungen nach einem Monat anschauen, werden Sie lächeln: Na klar, Sie sind fit für diese Welt. Sie dürfen Ihrem Können vertrauen und Ihrer Kreativität, Ihren Wünschen und Ihren Gefühlen. Sie dürfen darauf vertrauen, dass Sie im richtigen Moment das Richtige tun werden, auch wenn es sich erst im Nachhinein als richtig herausstellen wird.

Ich habe die Erfahrung gemacht, dass ich Selbstvertrauen auf verschiedenen Wegen erlangen kann: Ich kann von innen nach außen arbeiten, sprich, mich mit meinen Glaubenssätzen auseinandersetzen, eine Therapie machen, Handbremsen lösen und Antreiber entlarven. Ich kann es aber auch von außen nach innen einschleusen. Ich kann mich ausprobieren und neue Dinge wagen. Ich kann mich aus meiner Komfortzone herausbewegen und mir »Handwerkszeug« aneignen. Ich kann das Gefühl entwickeln: »Hey, so doof (faul, träge, dämlich, dumm, bekloppt) kann ich ja gar nicht sein, wenn ich sehe, wie erfolgreich ich dies oder das geschafft habe.«

Und manchmal hilft tatsächlich beten. Wer von uns hat noch nie ein Stoßgebet gen Himmel geschickt? Hat um Beistand gefleht? Mir hat es oft geholfen. Und kein Wunsch ist mir zu profan dafür.

Ich erinnere mich gut: Vor einem wichtigen Vortrag hatte ich lange keine Idee, wie ich das Thema aufgreifen sollte, das mir gestellt war. Ich war nervös, an der Grenze zur Panik. Ein großes Auditorium erwartete mich, mein Hirn war immer noch leer. Zwei Tage vor dem Termin verführte mich eine Freundin zu einem Wellnesstag. Statt am Schreibtisch zu sitzen und zu grübeln, »verplemperte« ich einen ganzen Tag in einem wunderschönen Spa. Ein bisschen schlechtes Gewissen hatte ich schon, war aber froh, abgelenkt zu sein.

Während ich mich massieren ließ und zur Ruhe kam, schickte ich ein Stoßgebet los: Bitte schicke mir eine Idee, ich werde noch wahnsinnig. Plötzlich fiel mir das Wort »jammern« ein. Ich fühlte mich schon leichter. Noch im Dampfbad kamen mir weitere Assoziationen. Ich stürmte hinaus und lieh mir am Empfang Papier und einen Stift. Innerhalb von einer halben Stunde stand der Vortrag.

Nun, ich habe schon einen ziemlich naiven Kinderglauben, aber ich denke nun wirklich nicht, dass da oben ein Engel auf der Wolke saß, sich für mich den Kopf zerbrochen und mir dann die Anweisungen zur Erde gefunkt hat. Aber dass mein Hirn klar wurde, dass Kanäle freigeschaltet wurden, die bis dahin verstopft waren, das glaube ich nicht nur, das weiß ich. Ob es an Inspiration oder Transpiration lag, Kosmos oder Aufguss der Auslöser waren, ist mir ziemlich gleich. Es hat auf jeden Fall mein Vertrauen gestärkt, dass mir im richtigen Augenblick schon die richtigen Sachen »geschickt« werden.

Die Autorin Elisabeth Mardorf beschreibt in einem ihrer Bücher sinnvolle Zufälle. Und seit ich das gelesen habe, fallen mir die in meinem Leben noch mehr auf. Neulich plagte ich mich wochenlang mit dem Gedanken, unbedingt eine Frau in Berlin anrufen zu müssen, mit der ich über eine gemeinsame Veranstaltung sprechen wollte. Doch ich hatte immer »keine Zeit«. Eines Tages fand ich beim Aufräumen meines Schreibtischs ihre Visitenkarte, kurz entschlossen wählte ich ihre Nummer. Sie meldete sich sofort, war überhaupt nicht überrascht, mich in der Leitung zu haben und sagte: »Ich habe mir gerade Ihre Karte rausgesucht und wollte Sie soeben anrufen.« Je älter ich werde, umso mehr vertraue ich auf den richtigen Augenblick.

Auch das Vertrauen in Menschen können wir bewusst vertiefen. Denken Sie an die, denen Sie täglich vertrauen können. Schauen Sie sich die Gesichter von Menschen an, ihre Züge, ihr Mienenspiel, ihre Falten oder die Faltenlosigkeit eines jungen Gesichts. Freuen Sie sich über Menschen, die Ihnen begegnen. Schicken Sie ihnen freundliche Gedanken, ein Lächeln. Denken Sie auch an die, die es nicht so gut mit Ihnen meinen. Statt hasserfüllte Blitze zu schicken, bemühen Sie sich, auch dorthin ein paar freundliche Gedanken zu richten. Es wird Ihnen guttun. Erinnern Sie sich: Es kommt alles zurück im Leben, das Gute wie das Schlechte.

Ich habe auf allen meinen Reisen Menschen vertraut. Einmal vor vielen Jahren habe ich mich in der Altstadt von Kairo verlaufen. Ich hatte keine Ahnung, wo ich war, es wurde dunkel, kein Taxi war zu sehen. Ich wurde, ehrlich gesagt, etwas ängstlich. Ich sprach einen alten Ägypter an, er war groß gewachsen, trug einen dunklen Anzug und einen Regenschirm über dem Arm. Ich nannte fragend den Namen meines Hotels. Er nickt kurz, sagte »Follow me«, drehte sich um und ging los. Ich folgte ihm. Es ging durch dunkle Gassen und über belebte Plätze. Als wir am Hotel angekommen waren, bedankte ich mich bei ihm. Er sagte nur »Welcome« und verschwand ohne ein weiteres Wort.

Was ich daraus gelernt habe: Wenn ich Menschen Vertrauen entgegenbringe, dann hat mein Hirn, mein Gespür, was auch immer, schon einen »Vor-Check« gemacht. Und allermeistens zeigen sich diese Menschen des Vertrauens würdig. Vielleicht spüren Menschen, dass ich sie achte und ihnen vertraue. Vielleicht schützt mich ein intuitives Bewusstsein davor, »an den Falschen zu geraten«. Und wenn ich mal reinfalle, sehe ich sehr wohl meinen eigenen Anteil und meine eigene Dummheit = Unaufmerksamkeit.

Das Thema ist Vertrauen, aber blöd sein muss man deswegen noch lange nicht. Ich habe ein tiefes Misstrauen gegenüber:

- Gurus, die uns die ewige Wahrheit verkünden,
- Menschen, die behaupten, sie hätten Rezepte fürs Leben,
- Personen, die vermeintlich fehlerfrei sind,
- Erleuchteten, die wissen wollen, dass Leben Leiden ist,
- Besserwissern, die angeblich alles vorher schon wussten,
- Klugscheißern, die behaupten, es gäbe nur eine Lösung.

Denn je älter ich werde, umso mehr zweifle ich an der einen Wahrheit und an der einen Lösung. Ich bin überzeugt davon, dass es immer Alternativen gibt. Menschen glauben an bestimmte Dinge, weil es ihnen hilft, weil sie diesen Glauben brauchen. Ich kann das gut nachvollziehen. Aber das ist kein Grund, den anderen deswegen zu hassen oder zu quälen, weil er an etwas anderes oder gar nichts glaubt. Rezepte sind hilfreich und ich gebe gerne Erkenntnisse weiter, die ich für mich gefunden habe. Das macht mich jedoch noch lange nicht zum Guru, der die Weisheit mit Löffeln gefressen hat.

Ich möchte Sie ermutigen:

- sich auf das Risiko Vertrauen einzulassen
- jemandem einen Vertrauensvorschuss zu geben
- daran zu glauben, dass diese Welt Gutes für Sie bereithält

- Ja zu sagen zu dem, was kommt
- an kleine Wunder zu glauben.

Denn wenn wir an unsere eigene Kraft, an die Menschen, an die Welt und an all die wunderbaren Dinge glauben, die das Leben noch für uns bereithält, fühlen wir uns in unserem Leben geborgen. Sie kennen vielleicht den Begriff »Selffulfilling Prophecy«, also das Phänomen, dass eintreten wird, was wir erwarten. Wenn ich nicht an das glaube, was ich tue, dann kann ich es auch gleich sein lassen. Je mehr Sicherheit ich in dieser Welt finde, umso mutiger kann ich sein, sie zu erobern.

Dazu gehört, dass wir uns wieder mehr auf unser Gespür verlassen, zwischen der Hektik und dem Stress auf unsere innere Stimme hören. Versuchen Sie an Ihrem nächsten freien Tag doch einmal folgende kleine Übung: Verzichten Sie einen Tag lang auf Ihre Uhr. Stehen Sie auf, wenn Sie aufwachen. Spüren Sie, wie spät es ungefähr ist. Tun Sie das, worauf Sie Lust haben. Essen Sie dann, wenn Sie Hunger haben. Rufen Sie an oder treffen Sie, an wen Sie denken. Halten Sie es aus, nichts zu tun und mit sich selbst allein zu sein. Gehen Sie ins Bett, wenn Sie müde sind. Vertrauen Sie Ihrem Gefühl, Ihrer inneren Uhr und darauf, dass Sie nichts falsch machen können. Schauen Sie am nächsten Tag an, was Sie gefühlt, gemocht oder schätzen gelernt haben.

Lieben Sie Rituale? Ich bin sicher, Menschen brauchen solche feststehenden Handlungen, sie können Vertrauen aufbauen. Wie wir liebe Menschen begrüßen, wie wir uns verabschieden. Wie wir Festtage begehen und uns Gutes wünschen. Wie wir in Kontakt mit Menschen kommen und uns als Teil einer Gemeinschaft fühlen. Pflegen Sie die Rituale, lassen Sie sich nicht einreden, das sei altmodisch oder spießig. Erinnern Sie sich an Gewohnheiten aus Ihrer Kindheit, die Sie geliebt haben, können Sie diese zu neuem Leben erwecken? Meist waren dies übrigens einfache Sachen, keine aufwändigen Geschichten.

Bei uns zu Hause gab es sonnabendsmittags immer Wiener Würstchen mit Butterbrötchen und heißem Kakao. Fragen Sie mich nicht, wie meine Mutter auf diese Kombination kam (Vielleicht: etwas Warmes, etwas Knuspriges, etwas Fettes, etwas Süßes..?). Schnell ging es wohl. Heute noch erfüllt mich diese Mischung mit Wohlgefühl. Nicht dass ich das jeden Sonnabend essen möchte, aber ab und zu. Ich brauche den Ostereierstrauß zu Ostern und das Weihnachtsbaumschmücken an Heiligabend. Ich brauche zum Frühlingsanfang eine duftende Hyazinthe in meiner Wohnung und im Mai Pfingstrosen satt. Ich muss an Silvester erst »Dinner for one« schauen und dann das Feuerwerk, bis die letzte Rakete gezündet ist.

Oft werde ich gefragt, ob meine Arbeit, mein vieles Herumreisen, nicht sehr stressig für mich ist. Na klar ist es nicht lustig, dreimal in der Woche nachts in einem fremden Hotelbett aufzuwachen und zu überlegen, auf welcher Seite ich mich hinausrollen kann. Es ist anstrengend, oft fünfmal in der Woche den Koffer ein- und wieder auszupacken, ohne Frage. Aber es ist nicht stressig, das heißt, es saugt mich nicht aus. Ich glaube unter anderem deswegen, weil ich auf der anderen Seite feste Bezugsgrößen habe.

Die Feste feiere, wie sie fallen, bestimmte Rituale mit meiner Familie und mit Freunden zelebriere, das regelmäßige gemeinsame Essen zum Beispiel. Rituale, die wir mögen und für die wir uns freiwillig entscheiden, können uns Halt geben in einer Welt, die immer unverbindlicher wird. Je näher wir uns der Welt fühlen, umso gelassener können wir unseren Platz darin einnehmen.

Das Symbol für Vertrauen: das Netz
Es fängt uns sicher auf in schwierigen Situationen. Es verleiht uns Schutz und Sicherheit.

Übungen
Konzentrieren Sie sich in den nächsten vier Wochen auf folgende Fragen:
1. Woche: Was ist mir in dieser Woche gut gelungen?
2. Woche: Was war in dieser Woche fast ein kleines Wunder?

3. Woche: Wer hat mein Vertrauen belohnt?
4. Woche: Worin kann ich mir selbst vertrauen?

Schreiben Sie Ihre Beobachtungen in Ihr Gelassenheits-Tagebuch.

Morgenmeditation
Was bedeutet heute Vertrauen für mich?

Abendbilanz
Wem habe ich heute vertraut, wem nicht?

Wunsch
Ich achte darauf, anderen Vertrauen zu schenken.

Stress ade!

Sie sind am Ziel. Sie haben alle Schlüssel zur Gelassenheit eingesammelt. Denken Sie daran: Es geht jetzt nicht darum, ein anstrengendes Veränderungsprogramm zu absolvieren. Erinnern Sie sich, wie ich Gelassenheit im ersten Kapitel beschrieben habe? Immer wieder mal innehalten, sich umschauen: Wo bin ich, wo sind die anderen? Stimmt der Weg noch, auf dem ich mich befinde? Lohnt der Preis noch, den ich für meine Ziele zu zahlen habe? Wovon will ich mehr, wovon weniger? Allein sich diese Fragen bewusst zu machen, kann mich zu mehr Gelassenheit führen. »Das Gelingen ist nicht das Ziel«, wie es Bernd Hohmann formuliert, es heißt Raum zu schaffen für Geduld, Vertrauen, Einfachheit und die anderen Schlüssel.

Zusammen mit Teilnehmer/innen eines Seminars habe ich einmal »Weisheiten« zum Thema Gelassenheit gesammelt. Jede/r konnte für sich einen Slogan entwickeln, der helfen kann, mehr Lebensfreude zu entwickeln:

- Gib den anderen nicht die Macht, dich zu ärgern!
- Lächle und heb damit deine Laune!
- Setze Prioritäten!
- Wenn du wirklich ärgerlich bist, lass den Ärger raus!

- Besinne dich auf deinen Humor!
- Übernimm die Verantwortung, ob du gekränkt sein willst oder nicht!
- Bleibe ruhig, lass dich nicht provozieren!
- Teile deine Emotionen anderen mit!
- Mach anderen eine Freude!
- Lass dir von Menschen helfen – und sei dankbar dafür!
- Zeige Menschen deine Wertschätzung!
- Nimm dir Zeit fürs Leben!
- Mache bei Konflikten den ersten Schritt!
- Verzeih dir selbst und anderen!
- Sei bereit, Freude zu empfinden!
- Erfreue dich an Kunst und Musik!
- Belohne dich und genieße es!
- Gönn dir Ferien!
- Genieße die warme Sonne auf deinem Rücken!
- Geh tanzen, beweg dich, hab Spaß!
- Nimm dir Zeit für deine Freunde!
- Schenk dir selber die Blumen, die du liebst!
- Organisiere mal wieder eine einfache Party!
- Lach dich mal wieder richtig schlapp!
- Habe mehr Freude!

Vielleicht mögen Sie sich selbst einen weisen Vorsatz aufschreiben. Hängen Sie ihn an eine Stelle, an dem Sie ihn regelmäßig sehen können. Und lassen Sie ihn auf sich wirken. Ich wünsche Ihnen Sorglosigkeit, Ausgeglichenheit, Heiterkeit, Gelassenheit – weniger Stress und mehr Lebensfreude.

Ihre Sabine Asgodom

Dank

Ich danke Bernd Hohmann, einem Psychologen und erfahrenen Therapeuten, und außerdem ein alter und lieber Freund, mit dem ich in vielen Gesprächen die Herangehensweise ans Thema Gelassenheit besprochen habe, und der mir mit seinem Wissen und seiner Erfahrung hilfreich zur Seite stand.

Dank auch an seine Frau Susanne, die uns manche Session unterm Apfelbaum ermöglicht hat.

Ich danke meinen Test-Leser/innen und lieben Freundinnen Barbara Wittmann und Monika Jonza für ihre zahlreichen Anregungen. Und meiner Mutter Jo Kynast-Klein, die mich mit ihrer Reaktion auf die ersten Kapitel bestärkt und mit ihrer aktiven Leserschaft (»Gib mir mal einen Stift und Papier«) sehr zuversichtlich gestimmt hat.

Ich danke meinem guten Freund Jon Christoph Berndt, mit dem ich stundenlang über Fragen diskutieren konnte wie: »Bin ich schon, oder werde ich noch?« Und der mich aus tiefster Schreibhemmung in schöne Bars entführte.

Ich bedanke mich bei meiner Lektorin Dagmar Olzog, die mir unendlich vertraut hat und die Gelassenheit behielt, obwohl ich den Abgabetermin nicht einhalten konnte.

Dank

Ich danke dem begnadeten Cartoonisten »Pfuschi« aus der Schweiz, dass wir seine entzückenden Zeichnungen verwenden können.

Ich danke den »Missfits«, die uns den Abdruck ihres Liedtexts erlaubt haben.

Mein besonderer Dank gilt Xavier Naidoo, dessen CD *Live* mich während des gesamten Schreibens begleitet hat. Das ging so weit, dass ich manchmal die CD auflegen musste, um überhaupt schreiben zu können. Also Vorsicht, Naidoo macht abhängig.

Kontakt

Wenn Sie mir Ihre Erfahrungen mit Gelassenheit schildern mögen, wenn Sie Fragen oder Anregungen zu diesem Buch haben, oder etwas zum Thema Seminare und Coaching wissen möchten, freue ich mich über einen Brief oder eine E-Mail von Ihnen.

> Sabine Asgodom
> Asgodom Live
> Prinzregentenstr. 85
> 81675 München
>
> E-mail: info@asgodom.de
>
> Oder besuchen Sie unsere Homepage:
> www.gelassenheit.info

Literatur

Falls Sie sich weiter mit dem Thema Gelassenheit beschäftigen wollen, hier eine kleine Auswahl von Büchern:

Asgodom, Sabine: *Genug gejammert. Wie das Leben mehr Spaß macht*, Econ 2004
Bauer, Erich: *Tarot fürs Business. Uralte Weisheit im modernen Berufsleben*, Heyne 1996
Chödrön, Pema: *Wenn alles zusammenbricht. Hilfestellung für schwierige Zeiten*, Goldmann 2001
Ernst, Heiko: *Das gute Leben. Der ehrliche Weg zum Glück*, Ullstein 2004
Fischli, Peter/Weiss, David: *Findet mich das Glück?*, Verlag der Buchhandlung Walther König, 4. Aufl. 2003
George, Mike: *Der einfache Weg zur heiteren Gelassenheit*, Nymphenburger 2001
Grün, Anselm: *Buch der Lebenskunst*, Herder, 9. Aufl. 2003
Kingston, Karen: *Feng Shui gegen das Gerümpel des Alltags. Richtig ausmisten. Gerümpelfrei bleiben*, Rowohlt, 8. Aufl. 2004
Lowen, Alexander: *Freude, die Hingabe an den Körper und das Leben*, Kösel 1993

Mardorf, Elisabeth: *Das kann doch kein Zufall sein. Verblüffende Ereignisse und geheimnisvolle Fügungen in unserem Leben*, Kösel, 7. Aufl. 2002

Nitzsche, Isabel: *Spielregeln im Job. Wie Frauen sie durchschauen und für sich nutzen*, Kösel 2003

Saint-Exupéry, Antoine de: *»Was du gibst, macht dich nicht ärmer«*, Benziger, 2002

Seneca: *Von der Seelenruhe. Philosophische Schriften und Briefe*, Insel 2002

Wardetzki, Bärbel: *Ohrfeige für die Seele. Wie wir mit Kränkung und Zurückweisung besser umgehen können*, Kösel, 7. Aufl. 2002

Wardetzki, Bärbel: *Mich kränkt so schnell keiner! Wie wir lernen, nicht alles persönlich zu nehmen*, Kösel, 3. Aufl. 2002

Wisskirchen, Christa: *Geduld ist alles. Unterhaltsames und Wissenswertes für Geduldige und Ungeduldige*, Coppenrath 2003

Register

Abenteuer 28
Ablenkungsmanöver 69
Abneigung 30
Abstand 147
Abwechslung 46
Achtsamkeit 23-44, 66, 126
Achtung 37, 118, 121
Aggressivität 146
Alternativen 153
Altruismus 129
Andacht 20
Anerkennung 28, 54, 92
Anforderungen 47
Angespanntheit 50 f.
Angst 18, 24, 35, 38, 71, 77, 103, 112 f., 115, 121, 157, 169, 175
Anspannung 47
Arbeit 46, 49, 52, 55
Ärger 148, 157
Arroganz 24, 63, 72

Ästhetik 28
Attraktivität 132
Aufmerksamkeit 20, 153
Aufopferung 127
Aufopferungshaltung 24
Ausbeutung 118
Ausgebranntsein 18
Ausgeglichenheit 18
Ausreden 77
Aussprache 92
Ausstrahlung 127

Balance 45-59
Bedürfnisse 40
Begeisterung 126, 130
Belastung 50
Beleidigungen 92
Bemühen 47
Bescheidenheit 72
Besinnung 20, 105
Bewegung 53, 115

Bewunderung 112
Bewusstsein 34
Beziehungen 134
Bitterkeit 24
Blick, klarer 73
Burn-out-Syndrom 18

Charisma 127

Daily Inspiration Program (DIP) 35
Dankbarkeit 60-64
Dis-Stress 47
Dopamin 148
Dringlichkeit 99, 105
Druck 101 ff.
Dummheit 188
Durstphasen 106

Egoismus 146
Ehrgeiz 83, 131
Ehrlichkeit 65-79, 118, 121
Eifersucht 24
Einfachheit 80-94
Einfluss 28
Einsamkeit 144
Einstellung 33, 81
Einzigartigkeit 71
Empathie 38
Empfindlichkeiten 32

Energie 27, 29, 48, 54, 123
Energiebalance 53, 59
Energiefresser 53 f., 123
Energiequelle 53 f.
Engagement 132, 135
Enge 113
Entlastung 110
Entscheidungsfreiheit 28, 159
Entscheidungssicherheit 156
Entspannung 47
Enttäuschung 42
Entwicklung 176
Erdulden 12
Erfolg 10, 46 f., 52, 63, 77, 91, 101, 103, 110, 113, 117, 176
Erfolgserlebnis 27, 47, 55
Erfolgsphantasie 106
Erkenntnis 159
Erlebnisse, negative 17
Erneuerung 176
Ernst 47
Erschöpfung 18
Erwartungen 27, 57, 82, 157
Euphorie 148
Eu-Stress 47

Register

Fähigkeiten 47, 63, 71
Faulenzen 45
Feedback 92, 120, 122
Fehler 75
Fehlerhaftigkeit 66
Fehlschlag 176
Flow 131
Freigebigkeit 110
Freiheit 28, 115
Freiheitsdrang 28
Freizeit 46
Freude 28, 35, 50, 54 f., 110, 113, 131, 148, 157
Freundlichkeit 157
Freundschaft 83
Frust 131
Führungsstil 92

Geborgenheit 144
Gedanken 24, 35
Gedankenfreiheit 34
Geduld 39, 95-108
Gefühle 24, 40, 184
Gehirn 146
Geist 23
Geiz 110, 118, 121
Gelassenheit 9 f., 12 ff., 17, 66, 125, 135
Gelassenheitstyp 10
Geld 113

Gemeinschaft 83
Gerechtigkeit 28
Geselligkeit 83
Gesundheit 18
Gesundheitsrisiko 99
Gewissen 77
Gewissheit 115
Gewohnheiten 24, 83, 89, 190
Glaube 14, 38
Gleichgewicht 46 f., 49 f., 58
Gleichgültigkeit 146
Glück 15 f., 81, 113, 134 f.
Glückserwartung 134
Glücksfaktor 26 f.
Glückskurve 25 f.
Gram 148
Größenwahn 144
Großmut 110
Großzügigkeit 109-124, 126
Grundüberzeugung 100

Handeln 47
Harmonie 11, 28, 74, 91, 135, 159
Hass 38
Heiterkeit 139 ff., 144 f., 148 f.

Hektik 189
Hektikfalle 51
Heranwachsende 39
Herausforderung 28, 45 ff., 49, 54
Herzinfarktrisiko 99
Heuchelei 168
Heulanfälle 32
Hilflosigkeit 39
Hindernisse 100
Hingabe 125-138
Hoffnung 16, 39, 73
Hörvermögen 40
Humor 139-150

Ich-Gesellschaft 110
Ideal 68 f.
Information 36, 40 f., 152
Innehalten 105
Innigkeit 103
Innovation 176
Intensität 133
Irrungen 47

Jugendzeit 32

Kinder 90 f., 120 f., 135 f., 142
Kindheit 31 f., 190
Klarheit 74, 91

Kleingeist 115
Klugheit 151-162
Kollegialität 28
Komik 146
Kompetenz 31
Kompromiss 115
Konflikte 169
Konfliktscheu 135
Konfliktsituation 92
Konkurrenz 117
Konkurrenzsystem 99
Können 117, 184
Konsequenz 91, 152
Kontrolle 28
Körper 23 f., 27, 29, 146
Körperhaltung 113
Kraft 174
Kränkung 17, 31 f., 98 f., 148, 154
Kränkungsknopf 30 ff.
Kränkungsliste 31
Kreativität 58, 184
Krisenzeiten 15, 105
Kritik 32, 92, 118, 121 f.

Lachen 140, 142 ff., 148 f.
Langeweile 47, 55 f., 131
Leben 46 f., 49, 115, 133, 152
Lebensanforderungen 58

Lebensbelastung 50
Lebenseinstellung 12, 149
Lebensfreude 9 f., 15, 17, 29, 39, 46, 50, 66, 83, 99, 114, 123, 139, 174, 184
Lebensgefühl 9, 13, 113
Lebensglück 15
Lebenskrisen 21
Lebenslinie 25
Lebenslust 126
Lebensproblem 49
Lebensqualität 8, 12
Lebenssituation 53
Lebensstandard 29
Lebensstellung 176
Lebensstil 111, 113
Leichtigkeit 60, 114, 126, 144
Leidenschaft 51, 126
Leistungen 63
Liebe 49, 51, 77, 126, 129, 134, 140, 183
Lieblingsbeschäftigung 57
Lob 118 ff.
Lügen 66, 75, 77
Lust 51

Machenschaften 77
Macht 99
Mainstream 168
Maß, rechtes 45
Meditation 32, 34 ff.
Meditationsmethoden 36
Menschen, interessante 28
Misserfolg 46, 63, 140, 160, 175, 177
Missgeschick 176
Missgunst 114
Misstrauen 39
Missverständnis 38, 91
Mitgefühl 145
Mitläufertum 133
Mode 164, 168
Moral 66
Morgenmeditation 20
Motivation 119
Muße 28, 46
Müßiggang 12
Mut 163-180

Nachdenken 105
Nachlässigkeit 12
Nachsichtigkeit 110
Neid 24, 30, 110, 112
Neidgefühl 114
Nervenzusammenbruch 48
Nichtstun 47
Niederlagen 176
Norm 169
Notlügen 66, 76

Oberflächlichkeit 146
Offenheit 113
Ohnmacht 13
Ordnung 28

Partnerschaft 117
Pausen 99
Perfektion 10
Perfektionswahn 83
Persönlichkeit 41
Pflege 127
Pflichtbewusstsein 28
Planungssicherheit 92
Preis 159
Prioritäten 92, 105
Profit 110
Provokation 37
Pseudoliberalität 21
Pubertät 32, 39
Pubertierende 39

Realität 144
Reichtum 15
Reifung 176
Reizworte 31
Risiko 86, 89
Rituale 36, 189 ff.
Routine 21, 28, 36, 47, 55, 99
Rücksicht 155

Rücksichtslosigkeit 24
Ruhe 11, 48

Schadenfreude 140
Scham 74, 123, 145
Schattengefühle 30
Scheitern 160, 163, 175 ff., 179
Schmerz 31, 74 f., 144
Schmerzempfindlichkeit 142
Schönheit 73 f.
Schöpfung 24
Schuldgefühle 145
Schwächen 66, 68, 70, 75, 140
Seele 23, 145
Sehnsucht 24, 28
Selbstausbeutung 18
Selbstbestimmung 28
Selbstentscheidung 28
Selbstmobilisation 18
Selbstreflexion 30
Selbstsicherheit 117
Selbstständigkeit 51 f.
Selbstverantwortung 28
Selbstvertrauen 185
Selbstvorwürfe 122
Selbstzweifel 69 f.
Selffulfilling Prophecy 189

Sich-Ausprobieren 47
Sicherheit 10, 45, 55, 176, 182
Signale 42 f.
Sinn 28, 131
Skepsis 126
Sorgfalt 133
Sorglosigkeit 18
Spaß 28, 52
Spiel 47
Spielregeln 153, 160 f.
Spießer 164-168
Sprachlosigkeit 135
Stärke 71 f., 140
Starrheit 47, 115, 147
Status 28
Stille 33, 36
Stimme, innere 105, 189
Stolz 169
Strategien 153
Streber 132 f.
Streiten 135
Streitkultur 11
Stress 18, 21, 45, 55, 77, 91, 157, 184, 189, 193 f.
Stressschwellen 8
Sturheit 154

Talente 71
Tapferkeit 172

Tod 49, 75
Tortenübung 50
Tugenden 21, 164

Überdruss 69
Überforderung 47, 54
Überlastungsgefühle 24
Überlegenheit 71
Überreaktion 11
Überzeugungen 38, 173
Unabhängigkeit 28
Unaufmerksamkeit 188
Unbalance 54
Ungeduld 96, 101 f.
Ungerechtigkeit 31
Unlust 29
Unruhe 69
Unsicherheit 54
Unterbewusstsein 34
Unterforderung 54, 56
Unvollkommenheit 66, 144 f.
Unzufriedenheit 10, 29, 50, 55, 69
Urvertrauen 183 f.

Verachtung 38
Veränderung 7 f., 29, 89
Verantwortung 28, 131, 152, 171

Verkrampftheit 30
Verletzungen 17
Verpflichtungen 57
Versagen 69, 176
Versöhnung 110, 123
Versprechungen 92
Verständnis 17
Verstimmung 39
Vertrauen 21, 117, 126, 147, 181-192
Vorhaben 35
Vorlieben 40
Vorsätze 157
Vorwürfe 122

Wahlfreiheit 173
Wahrhaftigkeit 69
Wahrheit 70, 92
Wahrnehmung 24, 36, 40, 43, 66, 183
Wahrnehmung, auditive 40
Wahrnehmung, haptische 41
Wahrnehmung, visuelle 40
Warnungen 100
Warten 99
Weinen 145
Weisheit 13
Werbung 164
Wert 159

Werte 21, 28 f., 164
Wertschätzung 118, 121, 134, 153
Wertvorstellungen 28
Wichtigkeit 99
Wirrungen 47
Wissen 117, 131, 152
Wohlgefühl 25
Wohlstand 118
Wunder 14
Wünsche 15, 24, 35, 38, 47, 184
Würde 169
Wut 38
Wu-Wei-Weisheit 104

Zeit 46
Zeitformen 99
Zeitgefühl 97
Zeitkrieg 99
Ziel 38, 72, 107
Zivilcourage 172
Zufriedenheit 24, 55 f., 74, 110, 131
Zuhören 40
Zukunft 107
Zusagen 92
Zusammenarbeit 117
Zweifel 31, 71
Zynismus 140

Lässig und locker älter werden!

16852